每天來點神知識！

LES HÉROS
DE LA
MYTHOLOGIE

希臘神話
人物雜學圖解
百科

奧德‧葛米娜
Aude Goeminne

─著─

安娜-勞爾‧瓦盧西克斯
Anne-Laure Varoutsikos

─插圖─

都文

─譯─

◗◖
原點

本書使用方法

希臘神話中的神、英雄、怪物都將在本書一一登場亮相。
除了人物的基本資料與相關故事，也有許多希臘神話冷知識，不能只有我看到！
你可以從頭閱讀，也可以看心情挑喜歡的人物來讀，怎麼讀都開心！

人物名稱

人物的中譯名
與原文

希臘神話故事

人物的基本起源與延伸故事

人物特徵＆性格

簡要介紹人物的特徵與性格

冷知識

人物的雜學百科，
橫跨神話時代與現代

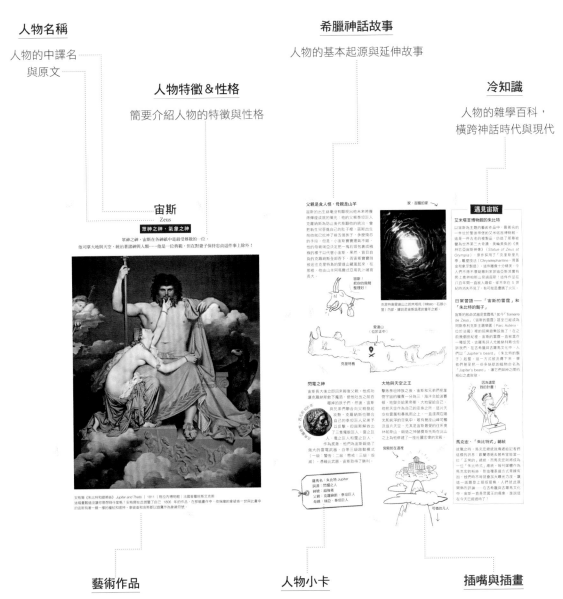

藝術作品

以該人物為主題的畫作、
藝術品、電影等

人物小卡

人物的羅馬名或希臘名，
及其詞源、綽號、家系等

插嘴與插畫

畫中有話的弦外之音，
同時延伸說明事件進展歷程

CONTENTS

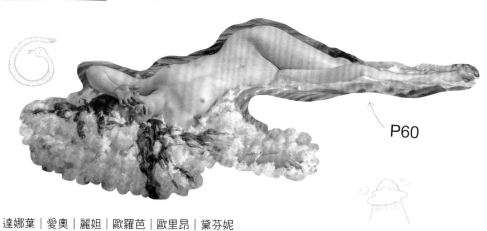

CHAPTER 4 英雄史詩

P68

海克力斯｜傑森｜奧菲斯｜卡斯托和波魯克斯｜翟修斯｜柏修斯｜貝勒洛豐與奇美拉｜帕里斯｜海倫｜赫克特｜安德柔瑪姬｜卡珊德拉｜阿格門儂｜梅奈勞斯｜阿基里斯｜阿賈克斯｜尤利西斯｜阿伊尼斯｜蒂朵｜羅慕樂與雷慕斯

CHAPTER 5 野獸與妖怪

P118

帕格索斯｜復仇三女神｜紀戎｜卡戎和塞伯拉斯｜賽蓮女妖｜亞馬遜女戰士｜斯芬克斯｜梅杜莎

CHAPTER 6 受難者與眾所周知的神話

P134

譚塔洛斯｜薛西弗斯｜達那伊得斯姐妹｜邁達斯｜伊底帕斯｜費伊登｜納西瑟斯｜潘朵拉｜奧瑞斯特斯｜戴達洛斯和伊卡洛斯　★十二星座與神的關係

神話的演變

神話是宗教，亦是一部歷史

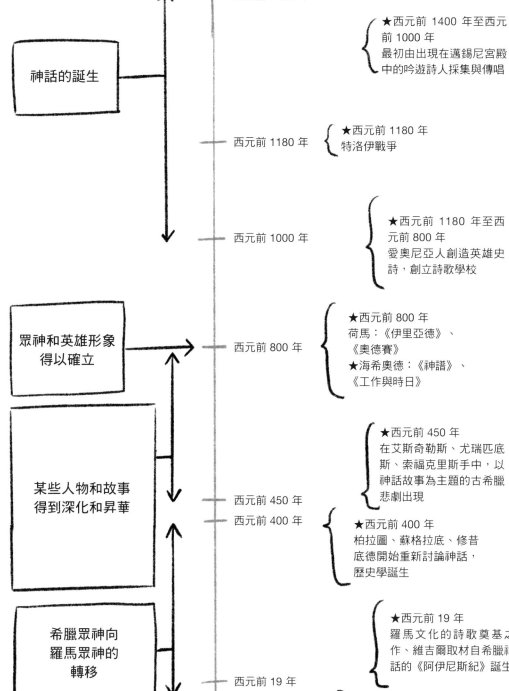

神話的誕生

西元前 1400 年

★西元前 1400 年至西元前 1000 年
最初由出現在邁錫尼宮殿中的吟遊詩人採集與傳唱

西元前 1180 年

★西元前 1180 年
特洛伊戰爭

西元前 1000 年

★西元前 1180 年至西元前 800 年
愛奧尼亞人創造英雄史詩，創立詩歌學校

眾神和英雄形象得以確立

西元前 800 年

★西元前 800 年
荷馬：《伊里亞德》、《奧德賽》
★海希奧德：《神譜》、《工作與時日》

某些人物和故事得到深化和昇華

★西元前 450 年
在艾斯奇勒斯、尤瑞匹底斯、索福克里斯手中，以神話故事為主題的古希臘悲劇出現

西元前 450 年

西元前 400 年

★西元前 400 年
柏拉圖、蘇格拉底、修昔底德開始重新討論神話，歷史學誕生

希臘眾神向羅馬眾神的轉移

★西元前 19 年
羅馬文化的詩歌奠基之作、維吉爾取材自希臘神話的《阿伊尼斯紀》誕生

西元前 19 年
西元 1 年

★西元 1 年
奧維德集希臘遺風之大成的《變形記》誕生，基督紀元開啟

神話是宗教

神話亦是一部歷史，也是對公眾道德的教誨

希臘文明中的神話

神話是希臘文明的基礎：它不僅是吟遊詩人們（他們既是古老祭司，亦是抒情歌者）在宴席中為吸引王室聽眾所講述的精彩故事，在那個時代，神話更是一種真正意義上的宗教，充分連結著人與他們的信仰。神話講述了人的起源和眾神的由來；賦予了所有希臘人一段歷史、一套典範、一門語言、一種集體歸屬感，這些超越了城邦間的競爭、戰爭，乃至一切，構建出希臘人的文明統一性，並對無法言明之事作出解釋。

遠古記憶的史詩

神話的歷史可上溯至希臘文明的蒙昧時期。西元前 14 世紀至西元前 11 世紀，在邁錫尼最早的幾座宮殿中，吟遊詩人們唱誦著他們從歷史事件和天象中汲取靈感、創作而出的原始故事。西元前 1180 年，伴隨著特洛伊戰爭的爆發——真實發生過的那場——在愛奧尼亞地區出現了最早的英雄史詩和詩歌學校，詩人荷馬很有可能在西元前 800 年左右出生於此。在那個時代，吟遊詩人們大多成了詩人，而非祭司，雖然後者的身分長久以來受人敬仰。荷馬就是吟遊詩人中最著名的一位。他雙目失明眾所皆知，而讓他享有盛名的，是兩部公認出自他手、有關希臘歷史的最偉大的英雄史詩：《伊里亞德》（Iliad）描繪了特洛伊戰爭；《奧德賽》（Odyssey）則講述了戰爭結束後尤利西斯踏上歸途的故事。

同一時代，另一位吟遊詩人海希奧德不僅寫下《神譜》（Theogony），描繪了眾神的來歷，還透過《工作與時日》（Works and Days）詳述人類的起源。至此，在西元前 800 年，神話主體得以確立。在吟遊詩人（親自創作詩句）之後是史詩吟誦者（講述著吟遊詩人創作的詩句——請想像一下，在當時僅靠口頭表達的傳統下，吟遊詩人們為能完整敘事，該是具備了何等記憶力！）。這些神話故事在陶器、雕塑、繪畫、建築等門類中均有反映。

文字記錄的問題

西元前 500 年至西元前 400 年間，古希臘三大悲劇奠基者艾斯奇勒斯、尤瑞匹底斯與索福克里斯在各自的作品中歌詠神話。同一時代，蘇格拉底和柏拉圖等哲學家開始重新審視神話的真實性，繼而將其定調為單純的媒介，即一種用來普及歷史與公共倫理道德的工具。柏拉圖甚至自己創作了一些神話故事（比如洞穴之喻以及亞特蘭提斯的故事）。同一時期，「歷史學之父」希羅多德和繼承他衣缽的修昔底德「創造」了歷史，並為其下了定義：力求精確與真實，排除謠言及無法為研究目的提供直接證據的部分，追求客觀性……這也意味著神話故事開始變得可疑了！

但請注意：大多數的希臘人還是非常迷信，仍然相信神祇、英雄，以及城邦的神話起源……蘇格拉底甚至還因為被指控否認祖先神祇的存在（他連這都敢質疑！），並且在雅典新近的伯羅奔尼撒戰爭裡，為其在道德和軍事上的失敗負有間接責任，而被判處死刑。

從希臘人到羅馬人

隨著羅馬這股新生力量在地中海的不斷壯大，古老而享有盛譽的希臘宗教也傳播到羅馬人之中。羅馬人將其佔為己有，並把自己的神祇與之混為一談，更改了他們的姓名。例如，宙斯變成了朱比特，阿芙羅黛蒂變成了維納斯。這種面向羅馬人的傳播，隨著維吉爾《阿伊尼斯紀》（Aeneid）的問世達到巔峰。維吉爾作為羅馬皇帝奧古斯都的朋友，以一位特洛伊英雄為原型，為羅馬寫就了這樣一部神話奠基之作，意圖與荷馬一爭高下。在同一時期，奧維德創作的《變形記》（Metamorphoses）使希臘化時代的傳統得以昇華，它重拾並超越了希臘歷史故事：可以說希臘-羅馬式神話就在耶穌基督降生那一年攀至頂峰。

家譜

黑手黨家族

烏拉諾斯
天空之神

蓋亞
大地之神

克羅納斯
（P54）
瑞亞（P13、15、17、33、37、39、54）

伊亞匹特士

潘朵拉
（P148）

普羅米修斯
（P52）
阿特拉斯
（P56）

宙斯
（P12）
赫拉
（P16）

黑帝斯
（P32）

赫斯提亞
（P38）

波賽頓
（P14）

黛美特
（P36）

瑟美莉
（P34）

邁亞
（P24）

墨提斯
（P18）

麗朵
（P22、26）

敏莫絲妮
（P58）

阿瑞斯
（P30）
赫費斯托斯
（P28）

戴奧尼索斯
（P34）

荷米斯
（P24）

雅典娜
（P18）

阿波羅
（P22）
阿特蜜斯
（P26）

阿芙羅黛蒂
（P20）

科洛尼斯
（P22、48~49）

九位繆思女神
（P58）

艾若斯
（P44）

伊瑞絲
（P50）

阿斯克勒庇俄斯
（P48）

波瑟芬妮
（P46）

奧林帕斯城

⚡ 婚外情

◎◎ 夫妻

8

英雄與神話

史詩

伊里亞德和奧德賽

阿果英雄
「尋找金羊毛」
（P76～80）

傑森
（P76）

美狄亞
（P78～79）

奧菲斯
（P80）

卡斯托和波魯克斯
（P82）

海克力斯
（P70）

特洛伊戰爭
「伊里亞德」

阿賈克斯
（P102）

阿基里斯
（P100）

安德柔瑪姬
（P96）

赫克特
（P94）

梅奈勞斯
（P99）

海倫
（P93）

帕里斯
（P92）

阿格門儂
（P98）

卡珊德拉
（P97）

奧德賽

尤利西斯
（P104）

潘妮洛普
（P104、110～111）

阿伊尼斯紀

阿伊尼斯
（P112）

蒂朵
（P114）

英雄

貝勒洛豐
（P90）

柏修斯（P88）

安卓美姐（P88～89）

羅慕樂和雷慕斯
（P116）

翟修斯
（P84）

菲德拉
（P86～87）

雅瑞安妮
（P34～35、85～87、153）

被愛之人

麗姐
（P64）

愛奧
（P63）

達娜葉
（P62）

歐羅芭
（P65）

歐里昂
（P66）

黛芬妮
（P67）

妖怪

米諾陶洛斯
（P73、85、152～153、155）

賽蓮女妖
（P126）

梅杜莎
（P132）

帕格索斯
（P120）

復仇三女神
（P122）

紀戎
（P123）

奇美拉
（P90）

亞馬遜女戰士
（P128）

斯芬克斯
（P130）

受難者

薛西弗斯
（P138）

譚塔洛斯
（P136）

達那伊得斯姐妹
（P140）

納西瑟斯
（P147）

戴達洛斯和伊卡洛斯
（P152）

費伊登
（P146）

邁達斯
（P142）

伊底帕斯
（P144）

奧瑞斯特斯
（P150）

荷米斯

赫費斯托斯

戴奧尼索斯

阿波羅

拉斐爾《眾神議會》（局部）The Council of Gods｜1518｜法列及那別墅｜義大利羅馬

在這幅畫作中，丘比特眉頭緊蹙，在宙斯面前慷慨陳詞，奧林帕斯諸神莊嚴地齊聚一堂。丘比特愛慕著無法永生的賽姬，想讓她被諸神接受，成為不朽之身。這種要求只能通過十二位奧林帕斯神祇投票才能實現。賽姬站在畫作的左端，荷米斯遞給她一杯神酒，如果丘比特為她爭取到這項特權，她就可以喝下它，成為不朽之身。阿芙羅黛蒂的手指指向兒子，向他解釋，賽姬已經通過自己為她布下的一系列考驗，證明她值得被愛。十二神祇與各自的身分象徵物同時在場（例如，黑帝斯腳下那隻凶惡的看門犬）。我們在圖中還能認出半神海克力斯，以及倚靠著斯芬克斯的兩位河神（可能是尼羅河神和台伯河神），還有帶著雙重面孔的雅努斯。

從左到右依次是：賽姬、小愛神、荷米斯、斯芬克斯、雅努斯、台伯河神、赫費斯托斯、海克力斯、尼羅河神、戴奧尼索斯、阿波羅、阿瑞斯、阿芙羅黛蒂、黑帝斯、丘比特、波賽頓、宙斯、阿特蜜斯、赫拉、雅典娜。

奧林帕斯山十二主神

阿瑞斯

阿芙羅黛蒂

黑帝斯

波賽頓

宙斯

阿特蜜斯

赫拉

雅典娜

這十二位奧林帕斯主神，有點類似神界的「VIP」。萬事萬物都遵循著他們的意志運轉，如同時鐘的十二個刻度，或是日曆的十二個月份。這個非常私密的組織只召集奧林帕斯山上的永久居民。宙斯率領著五位男神和六位女神（＃男女均等），這十一位神祇要麼是他的兄弟姐妹，要麼是他的孩子……只有阿芙羅黛蒂例外，這位愛神美到可以讓諸神為她破例。身為不朽之軀，他們以瓊漿玉露為食，因而永保青春。不僅如此，人類還要永遠向諸神貢獻祭品，否則會受到嚴厲懲罰。按理說，地獄之神黑帝斯並不屬於這個天團，因為他從不走出他的地下宮殿，就像酒神戴奧尼索斯總是在人間鬼混，與人類一起醉倒在地那樣。可既然這兩位時不時就被登記在冊，那我們就讓他倆也進入天團吧。嗯，僅此一次！

宙斯
Zeus

眾神之神，氣象之神

眾神之神，宙斯在各神祇中是最受尊敬的一位。

他司掌大地與天空，統治著諸神與人類……他是一位典範，但在對妻子保持忠貞這件事上除外！

安格爾《朱比特和緹蒂絲》*Jupiter and Thetis*｜1811｜格拉內博物館｜法國普羅旺斯艾克斯

這幅畫難道沒讓你聯想到什麼嗎？安格爾在此借鑒了自己 1806 年的作品，在那幅畫作中，他描繪的拿破崙一世與此畫中的宙斯有著一模一樣的權杖和眼神。拿破崙和宙斯都以雄鷹作為象徵符號。

父親是食人怪，母親是山羊

宙斯的出生絲毫沒有顯現出他未來將獲得輝煌成就的徵兆：他的父親泰坦巨人克羅納斯為防止後代推翻他的統治，會把新生兒吞進自己的肚子裡，宙斯出生前他就已吃掉了前五個孩子，多麼殘忍的手段。但是，小宙斯寶寶運氣不錯，他的母親瑞亞決定把一塊石頭包裹成襁褓的樣子以代替小宙斯。果然，盲目自負的克羅納斯全部吞下，而宙斯寶寶則被送往克里特島的愛達山藏匿起來，在那裡，他由山羊阿瑪爾忒亞用乳汁哺育長大。

家，甜蜜的家

克里特島愛達山上的米塔托（Mitato，石頭小屋）內部，據說是宙斯溫柔的童年之鄉。

宙斯！
把你的房間
整理好！

愛達山
（位於正中）
克里特島

閃電之神

宙斯長大後立即回來報復父親。他成功讓克羅納斯飲下魔酒，使他吐出之前吞噬掉的孩子們。然後，宙斯與兄弟們聯合向父親發起攻勢。克羅納斯也聯合自己的泰坦巨人兄弟予以反擊。但宙斯解救出了三隻獨眼巨人：雷之巨人、電之巨人和霆之巨人，作為感激，他們為宙斯鍛造了強大的雷電武器，自帶三級啟動模式（一級：警告；二級：懲戒；三級：毀滅）。憑藉此武器，宙斯取得了勝利。

西元前 500 年
古希臘硬幣

羅馬名：朱比特 Jupiter
詞源：閃耀之人
綽號：超強者
父親：克羅納斯，泰坦巨人
母親：瑞亞，泰坦巨人

大地與天空之王

擊敗泰坦神族之後，宙斯和兄弟們把掌管宇宙的權責一分為三：海洋交給波賽頓，地獄交給黑帝斯，大地留給自己。他把天空作為自己的安身之所，這片天空在雲層和暴風雨之上，一直浸潤在陽光和純淨的空氣中。唯有幾座山峰可觸及這片天空，尤其是宙斯最愛的住所奧林帕斯山，鍛造之神赫費斯托斯在此山之上為他修建了一座壯麗宏偉的宮殿。

宮殿就在這裡

可憐的凡人

艾米塔吉博物館的朱比特

以宙斯為主題的藝術作品中，最著名的一件位於聖彼得堡的艾米塔吉博物館。這是一件古老的複製品，仿造了那尊被譽為世界第三大奇蹟、美輪美奐的《奧林匹亞宙斯神像》（Statue of Zeus at Olympia），原作採用了「克里斯里凡亭」雕塑技法（Chryselephantine，用黃金和象牙製造）。這件雕像十分精美，令人們不得不懷疑雕刻家菲迪亞斯其實有爬上奧林帕斯山見過宙斯！這件作品在八百年間一直被人瞻仰，卻不幸在 5 世紀時消失不見了，有可能是遭遇了火災。

日常習語——「宙斯的雷霆」和「朱比特的鬍子」

宙斯的致命武器是雷霆嗎？如今「Tonnerre de Zeus」（宙斯的雷霆）甚至已經成為阿斯泰利克斯主題樂園（Parc Astérix，位於法國）裡的招牌遊樂設施了！在之前幾個世紀裡，宙斯的雷霆一直被當作一種詛咒。古羅馬詩人尤維納利斯也告訴我們，在古希臘與古羅馬文化中，人們以「Jupiter's beard」（朱比特的鬍子）起誓。這一方式被流傳下來，學者們甚至把一些多絲狀的植物命名為「Jupiter's beard」，讓它們與神之間的相似之處致敬。

因為這是
我的計畫！

馬克宏，「朱比特式」總統

就職之時，馬克宏總統就傳遞給記者們這樣的訊息：歐蘭德過去曾希望能當一位「正常的」總統，而馬克宏則將成為一位「朱比特式」總統。報刊媒體作為馬克宏的粉絲，對這種表達方式青睞有加，他們時不時就會加大曝光力度，讓這一話題登上頭版頭條，人們就此展開熱烈評論……在古希臘與古羅馬文化中，宙斯一直是眾國王的偶像：誰說這在今天已經過時了？

波賽頓
Poseidon

海洋之神

身為宙斯的兄弟和海洋與水系之神，波賽頓的形象人盡皆知，其典型標誌是三叉戟以及由
海豚或馬隊牽拉的戰車。波賽頓喜怒無常、惹人注目，性格是有那麼一點暴躁啦……

焦爾達諾《涅普頓和安菲崔特》 *Neptune and Amphitrite*｜17 世紀｜麥第奇–里卡迪宮｜義大利佛羅倫斯

致命武器

波賽頓的典型標誌是他的三叉戟。
波賽頓在與他的邪惡父親克羅納斯
及那些可怖的泰坦神族對戰時，將
獨眼巨人們解救出來，巨人
們以此三叉戟作為回禮。
這把厲害的武器可以攪
翻大海，把山體一劈為二，
讓泉水噴湧……這把武器用起來得
心應手，從而幫助波賽頓打敗泰坦
神族，並將他們監禁在塔爾塔羅斯
（Tartarus，即地獄）最深處……韃
靼肉排（steak tartare）由此而來！

波賽頓，停下你的戰車！

如同《小美人魚》（*The Little Mermaid*）
故事裡的川頓國王一樣，波賽頓喜歡駕駛
著由海豚們牽拉的戰車乘風破浪，海豚是
他的吉祥物。不僅如此，有時海神還變身
成海豚（Dolphin），去引誘那些他想奉
承討好的姑娘。他就是通過化身成鯨類長
伴墨蘭托左右，才追求到她。他們的兒
子德爾斐斯（Delphus），就是德爾斐城
（Delphi）的締造者！波賽頓還以海豚德
爾斐諾斯（Delphinus）之名創造了海豚
座，以表達謝意，因為牠曾幫助他
追求安菲崔特，這位仙女後來成
了波賽頓的妻子……夠氣派！

反叛宙斯失敗

作為淡水和鹹水之王，波賽頓統治著極
為遼闊的水域……但有時，他仍然覺得
不滿足。他有點嫉妒宙斯，因為宙斯把
大地這塊最好的統治區域留給了自己；
不過當初也是宙斯想辦法讓父親把吞進
肚子裡的孩子吐出來，這才救活了小波
賽頓的性命。

有一天，波賽頓、赫拉和雅典娜密謀，
企圖將宙斯推下王位。但他們運氣實在
不好，最後失敗了，波賽頓被罰勞動一
年。從此，他再也不敢這麼幹了。

你好啊，女孩
想不想看看我的戰車？

馬 VS 橄欖樹

波賽頓的另一瑞獸是馬，他故意將之創造出來，完全是為了討好雅典人。雅典人那時舉辦了一場比賽，想以此選出這座城市的保護神。於是，波賽頓用他的三叉戟朝著衛城的土地上一敲，一匹漂亮的種馬突然從地下冒出。男人們目眩神迷，一致讚賞這個禮物；然而，他的對手雅典娜更加機靈聰明，她送出橄欖樹作為禮物，這一禮物雖然在打仗時幫不上什麼忙，但在和平時期卻是大有用處，因而贏得了廣大婦女們的支持……波賽頓錯失良機。

我們贏啦！
我們贏啦！

羅馬名：涅普頓 Neptune
詞源：主人
綽號：大地震撼者
父親：克羅納斯，泰坦巨人
母親：瑞亞，泰坦巨人

遇見波賽頓

宣傳利器

由於波賽頓的三叉戟標誌在航海世界中十分具有代表性，度假村集團地中海俱樂部（Club Med）便順應潮流，將三叉戟作為自己的 logo。無獨有偶，巴貝多這座位於加勒比海的迷你國度，也把三叉戟圖案加到了他們的國旗上，以凸顯自己海洋之國的身分。直至今日，人們仍然經常使用三叉戟作為海底的捕獵工具……

天文學

如大海一般蔚藍的海王星（Neptune／涅普頓），得名於波賽頓的拉丁名。但事實上，這純屬偶然。這一天體在 1843 年才通過推算被人類發現，遠遠晚於荷馬與他的小夥伴們所在的時代，而且當時我們也未觀測到它的顏色。真是碰巧了。對了，海王星的符號正是波賽頓的三叉戟 ♆。

迪士尼動畫

你看過《小美人魚》中的國王川頓嗎？撇除他的人魚尾巴，他的形象幾乎和波賽頓一模一樣。不僅如此，第一幕裡川頓的那座華麗宮殿，其靈感便直接取自傳統故事。在荷馬講述的故事裡，波賽頓正是那座金光燦燦永立不朽的海底宮殿主人。

這 logo 好像跟我有點關係

Club Med

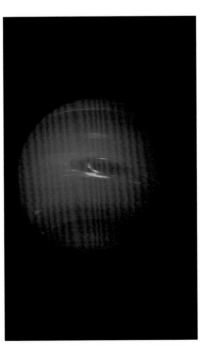

海王星，太陽系第八顆也是最後一顆行星。

安靜啦

在那海底～在那海底～

有海水滋潤，有海藻作伴

多麼愜意～

赫拉
Hera

婚姻和婦女之神

雖然不是她自己造成的，但赫拉確實是奧林帕斯眾神中給人好感度最低的女神。宙斯總是不忠，作為他的妻子與姐姐，赫拉永遠多疑善妒——這使她性情暴躁，熱衷復仇。不過，赫拉本人對待宙斯卻始終忠貞不貳，這一點，倒是讓她得以永遠司掌婚姻與守護婦女，女人也因此對其無比敬仰……尤其是那些盼望著能擁有丈夫或孩子的女人！

巴里《愛達山上的宙斯與赫拉》 *Zeus and Hera on Mount Ida* | 1799 | 格雷夫斯美術館 | 英國謝菲爾德
宙斯與赫拉的風流一瞬，赫拉試圖轉移丈夫的注意力，以阻止他在特洛伊戰爭中援助特洛伊人。

無賴的杜鵑鳥

赫拉起初並不想成為全宇宙最受丈夫不忠所苦的妻子，她甚至還屢次拒絕過她的弟弟。但有一天，宙斯為獲取她的憐憫之心，幻化成一隻渾身被淋濕的小杜鵑鳥，出現在正閒逛的赫拉面前。赫拉對這隻可憐的小鳥動了惻隱之心，將牠攏在自己的胸口取暖……結果，砰一聲，宙斯現出人形，並趁機征服了不情願的姐姐（＃放蕩之人）。赫拉的權杖上至今還棲息著一隻小杜鵑鳥……淫穢的記憶。

＃原來是美男

擔心丈夫偷情

宙斯與赫拉的新婚之夜持續了 300 年之久，經歷了這段最初的浪漫之後，兩人之間的感情開始惡化。宙斯是一個積習難改的不忠之人，赫拉不得不一直監視著他。一天赫拉派出一隻能看見一切的百眼巨人阿古士去監視愛奧，卻發現宙斯正與其偷情，為瞞住妻子，宙斯甚至將愛奧變成了一頭小母牛。後來，荷米斯受宙斯之命殺死了巨人……赫拉備感傷心，將巨人幻化成孔雀之身，那是她最愛的動物，巨人的顆顆眼睛至今還妝點在孔雀的一身羽毛上。

赫拉 | 卡比托利歐博物館 | 羅馬

我看見你啦！ 我看見你啦！ 我看見你啦！ 我看見你啦！

希克《帕里斯的裁判》 *Judgement of Paris* | 20 世紀
我們可以看到赫拉站在後面，略顯莊嚴，她感覺到將爭得金蘋果的人並不是自己。

怨念極深的宇宙探測器

以赫拉的拉丁名「Juno／朱諾」來為監測木星（Jupiter／朱比特）的宇宙探測器命名，真是再合適不過了。朱諾探測器在圓滿完成任務後，會採集到她「丈夫」的內部雲層數據，對這顆氣態巨星進行細緻入微的觀測……對於一個始終夢想著查清真相的女神來說，這可真是一記漂亮的復仇啊！

六月，貨幣之月

赫拉，被羅馬人稱呼為朱諾（Juno），六月（June）這個月份的命名即來源於此……多麼殷勤的祝聖獻禮！不僅如此，在羅馬國會大廈所在的山丘之上，有一座名為「朱諾・莫內塔」（Juno Moneta）的神殿也是為赫拉而建，意指她是發出警告之人（因為在一次深夜遇襲中，住在神殿裡的聖鵝喚醒了羅馬守衛）。神殿旁邊建有一家鑄造銀幣的作坊，人們順便就用了 Moneta 為這家造幣廠命名……這便是我們今日「money」（貨幣）一詞的由來！

山谷中的回音

有一位仙女為幫宙斯偷情，總是通過絮絮叨叨的閒扯來轉移赫拉的注意力……這個冒失的小不點，真是搞不清楚自己到底在和誰打交道！暴怒的赫拉出於報復，懲罰她永遠只能重複別人的話，而不能說自己想說的話。這位仙女名叫愛可（Echo，回音之意），我們至今依然能聽得到她，即便她只能以回音的形式存在……

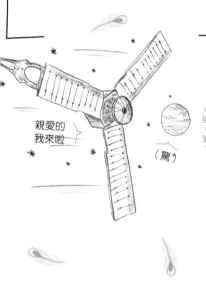

親愛的
我來啦

（驚）

永遠別戴著面紗離去

古希臘硬幣・西元前 500 年

美貌的赫拉雖然經常被人獻殷勤，對待愛情卻一直忠貞不渝。她長長的面紗在希臘被視為婚姻的象徵，亦是赫拉本尊的標誌。有一次，赫拉被宙斯的不忠激怒，雖然他苦苦哀求，赫拉仍然離開了他。宙斯轉生一計：他在自己身旁立了一尊木雕，上面覆著層層面紗，並讓人傳出風聲，說那是自己的未婚妻。惱怒的赫拉立刻聞訊趕來，準備幹掉自己的情敵。當意識到這是一場騙局時，赫拉哈哈大笑，與丈夫重歸於好。

羅馬名：朱諾 Juno
綽號：白臂女神或牛眼天后
父親：克羅納斯，泰坦巨人
母親：瑞亞，泰坦巨人

丁托列多《銀河起源》 The Origin of the Milky Way｜1575｜倫敦國家畫廊｜英國倫敦

銀河

赫拉的仇恨之心不僅指向她的情敵，就連情敵與宙斯生的孩子她也不肯放過。最典型的例子莫過於赫拉克勒斯（海克力斯）：他甫一出生，赫拉就派兩條蛇爬進他的搖籃（但他徒手捏死了牠們）。為保護這孩子，荷米斯想出一個主意。任何一個宙斯的兒子，如果沒有喝過赫拉的乳汁，就無法成為不朽之身，於是，趁著赫拉熟睡時，荷米斯把這個小嬰兒帶到赫拉胸前。赫拉被他的吸吮驚醒，一把將孩子推開，由於用力過猛，她的乳汁直衝上天，於是繪出了……銀河（Milky Way，即乳汁之路）！

噴向宇宙
浩瀚無垠！

雅典娜
Athena

戰爭之神

雅典娜是雅典人最鍾愛的女神──原因還用說嗎？她是所有神祇中能力最全面的，司掌智慧、謀略、戰爭、藝術、技藝、理性、文學、思考……總而言之，「沒什麼她不懂的」！

克林姆《女神雅典娜》*Pallas Athene*｜1898｜維也納美術館｜奧地利維也納
被稱為「擁有湖藍色眼睛的女神」的雅典娜，在此幅作品中身披華美金甲，金甲上飾有女妖梅杜莎的頭顱：這是柏修斯送她的禮物，以感謝雅典娜的幫助！
PS：你看她手臂後面，那隻神情警覺的貓頭鷹，其作為雅典娜的象徵，正在觀察你呢……

希臘

雅典

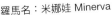

羅馬名：米娜娃 Minerva
詞源：頭腦
綽號：貞女
父親：宙斯
母親：墨提斯

從「腦袋」中誕生

有一天，宙斯聽到一則預警，他那位懷孕中的情人墨提斯若為他誕下一子，這個孩子將會推翻他的統治。謹慎的宙斯為消除潛在威脅，直接把墨提斯變成蒼蠅，整隻吞下肚。簡直趕盡殺絕。但幾個月後，他突然覺得頭痛欲裂，不得不向鍛造之神赫費斯托斯求助，讓他用斧頭把自己的頭顱劈成兩半，結果一劈開，小雅典娜就從裡面跳了出來，她當時還全副武裝，手持長槍，頭戴金盔呢！

特級初榨橄欖油

為了知道究竟哪位神祇能成為雅典的守護神，人民決定舉行一場競賽，誰能送給大家一份最好的禮物，誰就是守護神。這天，自信滿滿的波賽頓創造了一匹馬……男人們見了無比狂熱。輪到雅典娜時，她敲了敲土地，緊接著……一棵稚嫩的橄欖樹破土而出。男人們很失望，但是女人們看出了門道，知道橄欖油的用處有多大，轉而把票投給了雅典娜（雅典娜還發明了馬轡，用以馴化男人們的馬匹──＃達成和解）。

貓頭鷹女神

雅典娜的聖鳥是一隻貓頭鷹，因為這種猛禽以視覺敏銳著稱，即使在黑暗中也什麼都能看見，用它來象徵「認知」再完美不過。牠為雅典娜充當信使，提供建議，以拯救那些英雄（是的，《哈利波特》（*Harry Potter*）系列完全照搬了這一橋段）。古代的雅典錢幣上就印著貓頭鷹圖案，後來希臘語「glaux」（貓頭鷹）就成了「Tetradrachm」（這種銀幣的名稱）的同義詞。時至今日，希臘面額 1 歐元的硬幣上依然印著這一標誌。

上面印有貓頭鷹圖案，西元前 500 年

1 歐元的硬幣上印有一隻貓頭鷹

1 歐元的背面圖案

可愛的貓頭鷹

在歐洲，雅典娜與貓頭鷹形象的關聯深入人心，大家因此把最常見的小貓頭鷹稱為「雅典娜之鴞」！牠被視為「認知」的象徵，在成為《哈利波特》的靈感來源之前，久負盛名的法國出版社 Les Belles Lettres 就以一隻美麗的、眼裡充滿哲思的「雅典娜之鴞」作為自己的標誌。

《哈利波特》剽竊我！

菲迪亞斯的雕塑作品

在巴特農神殿建造之時，菲迪亞斯那座雄偉壯麗的雅典娜雕像被安置在神殿的聖位。這座美麗的雕像耗資驚人：它採用了「克里斯里凡亭」雕塑技法（用黃金和象牙製造），單單黃金這項支出，就相當於一萬名士兵的全年收入！

神盾的雕飾

菲迪亞斯這座由黃金與象牙打造的雅典娜雕像，神盾上刻畫著梅杜莎的頭顱和蛇髮……柏修斯聽從雅典娜的建議，將女妖梅杜莎殺死。他為了表示感謝，將梅杜莎的頭獻給了雅典娜，雅典娜用其裝飾她那披於脖頸的護胸甲，也用來裝飾她的神盾。

為了完成造價高昂的雅典娜雕像，雅典人（尤其是政治家／將軍伯里克里斯，也就是戴著頭盔的那位，正在和雕塑家商議）挪用了希臘城邦聯盟金庫裡的資金……這件事導致了伯羅奔尼撒戰爭的爆發！

貞女之身，卻幾乎當了母親！

你們知道嗎？巴特農神殿是獻給貞女雅典娜的，因為巴特農一詞即指「貞女」。然而有一次，雅典娜為了守衛自己的貞潔之身，曾與赫費斯托斯對抗：後者企圖強暴她！雖然沒有得逞，但他的精液卻灑在女神大腿上，她用自己的羊毛裙擦拭，精液灑到土地上，一個半人半蛇的妖童從土裡冒出。雅典娜收留他，並為他取名埃瑞克托尼俄斯（Erichthonius，「erion」即「羊毛」，「chthôn」即「土地」，取其合意），雅典娜祕密地撫養他長大，直到他成為雅典城的君王。

媽媽！

這裡就是雅典

阿芙羅黛蒂
Aphrodite
愛神和豐產之神

阿芙羅黛蒂是位很能激起人愛欲的女神，她從海水的泡沫中誕生，一絲不掛地出現在奧林帕斯山諸神面前，充滿了誘惑力。她的美貌為她贏得了專屬於「最美女神」的金蘋果，阿芙羅黛蒂引發過不少戰爭，卻也讓戰神因她而繳械……

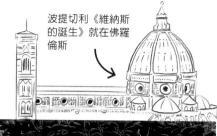
波提切利《維納斯的誕生》就在佛羅倫斯

一絲不掛，全身
肌膚呈古銅色

波提切利《維納斯的誕生》 *The Birth of Venus* | 1484 | 烏菲茲美術館 | 義大利佛羅倫斯

一攤很鹹的泡沫

關於阿芙羅黛蒂的誕生有一段動人故事。天空之神烏拉諾斯躺在大地之神蓋亞身上，把他的孩子們囚禁在他們母親蓋亞的肚子裡。蓋亞有一天受夠了，就給自己其中一個兒子一柄鐮刀，讓他去砍下父親的陽具，好讓烏拉諾斯離開她。這一招奏效了，烏拉諾斯的精液落進了大海，自此以後，蔚藍的海水布滿白色泡沫，而這位神祇的精液使得波濤受孕，隨後，阿芙羅黛蒂（Aphrodite，「阿芙羅」（aphrós）意即「泡沫」）誕生了……

呀比！

不貞潔腰帶

珍珠美人阿芙羅黛蒂被安放在貝殼之上，先是被運送到基西拉島，接著又被帶至奧林帕斯山，來到那些為她傾倒的諸神面前。所有神祇都想將她據為己有，然而，諸神之中面貌最醜陋的赫費斯托斯當時費心打造了一條魔法腰帶，誰若是戴上它，就會散發出無窮魅力，讓人無法抗拒。阿芙羅黛蒂絕不甘心這樣的腰帶被別人拿走，為了擁有它，她嫁給了赫費斯托斯。就這樣，赫費斯托斯輕而易舉便成了阿芙羅黛蒂的丈夫，卻也從此成了歷史上被戴最多次綠帽的丈夫……

無聊啊！

美人～

春藥（aphrodisiac）

當人們提起愛神阿芙羅黛蒂，怎會忘記她的衍生物──各種春藥呢？這些東西被冠以女神之名，專門用來喚起人們肉體上的快感。但人們為製作春藥而對犀牛造成的蹂躪與戕害，女神應不會認可：犀牛角僅因為外形酷似陽具，使亞洲人深信將之磨成粉末服用，就能增強性能力……

維納斯從海中升起

在藝術領域，乘著貝殼抵達基西拉島的阿芙羅黛蒂是一個被反覆使用的創作主題。比如在波提切利手中，它被賦予了一個專有名詞：Venus Anadyomene，意指「維納斯從海中升起」。而基西拉島這塊以情愛享樂聞名的土地，在畫家華鐸的詩作和畫作中成了神祕之境，成了「雅宴畫」的代名詞；詩人魏爾倫甚至在他的詩集《華宴集》（*Fêtes galantes*）中創作了一首同名作品！

維納斯的宣傳效果

阿芙羅黛蒂的拉丁名「維納斯」，在法語中幾乎成了「美麗」的同義詞。只要想想在電影《巴黎飄雪》（*Venus Beauty Institute*）中，美容師們以「維納斯」作為店名，就能了解她們多麼認可這位女神的市場吸引力！同理，吉列的維納斯除毛刀系列廣告，也讓廣大女性們相信，它將讓你感到自己「就像女神一樣」。

美麗的秀髮「金色的河流」！

她應該會覺得有點冷吧！

阿莫里-杜瓦爾《維納斯的誕生》 *The Birth of Venus*｜1862｜里爾美術宮｜法國里爾
此畫的靈感來自法國詩人繆塞的詩：「維納斯‧阿斯塔蒂女神，苦澀波浪之女／依然貞潔，抖落著母親的淚水／絞擰著髮絲，世界因其豐饒。」

捕獲偷情者的網子

阿芙羅黛蒂剛嫁給赫費斯托斯沒多久，就迫不及待去和丈夫的哥哥，即英俊的戰神阿瑞斯偷情了。然而，某個清晨，這對情人被太陽神阿波羅無意中撞見，他把此事告知了那位蒙羞的丈夫。於是，鍛造之神決意報復。他編織了一張透明網放在阿芙羅黛蒂的床上，成功把這對偷情男女一網打盡。隨後，他將赤裸糾纏著的兩人拖至奧林帕斯山諸神面前，讓他們受盡諸神嘲笑。阿芙羅黛蒂和阿瑞斯在受盡凌辱折磨後，彼此分離，且被流放他鄉……

金蘋果

某天，諸神在奧林帕斯山慶祝一場婚禮。邪惡的紛爭女神厄麗絲由於沒受到邀請，在宴席上扔下一個金蘋果，上面寫著「送給最美麗的女人」。這下可好，所有女神都覺得自己配得上它，於是宙斯決定讓牧羊人帕里斯來裁判誰是最美之人。阿芙羅黛蒂立刻向其許諾，只要他選擇自己，便可得到世間最美女人的愛情。帕里斯就這樣把金蘋果送給了阿芙羅黛蒂。我的天！誰知道帕里斯竟選中海倫，此女已有丈夫，但他仍將海倫硬搶過來，並由此引發了特洛伊戰爭……

羅馬名：維納斯 Venus
詞源：泡沫
父親：烏拉諾斯，天空之神
母親：大海

阿波羅
Apollo

隨著希臘文化日臻成熟，阿波羅成了人們心中最為鍾愛的神祇。
大家賦予他的權責越來越多：音樂、歌唱、詩歌、美，甚至還有太陽……還真是身兼數職啊！

光輝之神誕生在光明之島

阿波羅是宙斯的私生子，誕生於一座小小的浮島奧提伽，他的母親麗朵為躲開赫拉的嫉妒隱居於此。麗朵曾許下承諾，她的兒子未來會在奧提伽島上建起一座神殿，而這座島將會取名「提洛斯」（Delos，意為「光明之島」）。她的孩子甫一降生，便有一群天鵝從帕克托羅斯河飛來，圍著小島盤旋了七圈，慶賀麗朵分娩。為了紀念牠們的歌唱，阿波羅在他的里拉琴上裝了七根琴弦，天鵝也因此成為他的象徵：宙斯甚至還賜給他一輛由天鵝駕駛的戰車！

（腐爛的）預言之神

阿波羅精通預言，他曾尋找一座可以宣示神諭的聖地，最終在德爾斐島上覓得。島上盤踞著一條可怕巨蛇匹松（Python），他殺死巨蛇，剝下蛇皮，任其漸漸腐爛。阿波羅自稱「匹松神」（Pythian，意指「使其腐爛」），他的女祭司則被稱作「皮媞亞」（Pythia）。德爾斐的皮媞亞坐在巨蟒的皮上解釋她腐爛已久的神諭，身下散發著腐朽氣息：她還真是配得上這個名號呢！

是我發出的臭味嗎？

查爾斯・梅尼爾《光明、雄辯、詩藝、藝術之神阿波羅，與天文學繆思烏拉尼亞》*Apollo, God of Light, Eloquence, Poetry and the Fine Arts with Urania, Muse of Astronomy* | 1800 | 克里夫蘭美術館 | 美國克里夫蘭

阿波羅和烏拉尼亞正在商議。他們的兒子利諾斯誕生了，他被視為旋律的創造者。利諾斯對里拉琴做了簡化，使這種樂器的聲音更加動聽！

頭戴桂冠的太陽神

阿波羅是逐漸被希臘人視作太陽神化身的。他性格陽光、體格健美、從不投下任何影子，因而為人熟知。作為音樂之神，他在歌唱、詩藝和里拉琴各項競賽中經常拔得頭籌。月桂樹是他的神聖象徵（比如，皮媞亞就嚼著月桂葉），月桂冠也因此成了比賽獲勝者的標誌。

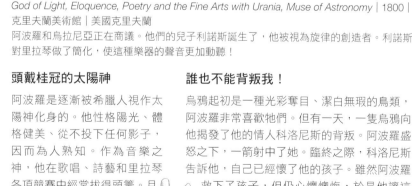

誰也不能背叛我！

烏鴉起初是一種光彩奪目、潔白無瑕的鳥類，阿波羅非常喜歡牠們。但有一天，一隻烏鴉向他揭發了他的情人科洛尼斯的背叛。阿波羅盛怒之下，一箭射中了她。臨終之際，科洛尼斯告訴他，自己已經懷了他的孩子。雖然阿波羅救下了孩子，但仍心懷懊悔，於是他讓這個孩子做了醫藥之神，並命他照管那些臨盆的母親。隨後，他把那隻烏鴉變成了黑色，一如牠讓自己做出的不祥之事那般。此後，烏鴉就成了「告密者」的代名詞！

羅馬名：阿波羅 Apollo
詞源：太陽
綽號：傾斜者
父親：宙斯
母親：麗朵，泰坦巨人

遇見阿波羅

梵蒂岡博物館

《觀景殿的阿波羅》雕像名聞遐邇，那輕微扭動的腰肢、精妙前伸的右腿，以及帶有柔軟褶皺的披風，都尤為著名。據此，我們或許難以想像阿波羅手中所執竟是一把弓箭（如今已被損毀），因為他彼時正在屠殺妮歐碧的孩子們，這個女人竟敢吹噓自己生的孩子比他的母親麗朵還要多！

Kalos Kagathos，英俊且善良

希臘人和羅馬人為這位美之神賦予了相同的名字，而「阿波羅」一詞至今仍代表著一個外形完美、值得為他立一尊雕像的男人！此外，阿波羅身兼詩神與歌神，這使他魅力倍增，明亮深邃。不僅如此，為向阿波羅致敬而舉行的匹松神競技會（Pythian Games），在某種程度上也與後來的奧林匹克運動會一脈相承。

阿波羅，飛往月球的太空計畫

甘迺迪總統於 1961 年啟動的阿波羅計畫，原打算叫作阿特蜜斯（月神）計畫，因為該計畫是要飛往月球（而不是要一直飛到太陽上！）。不管怎麼說，這一計畫最終成功了，十二名人類在月球上留下了足跡。但是，人們對阿波羅 13 號印象格外深刻，不僅是太空船上畫有太陽神的光明戰車，還在於氧氣罐爆炸之後，全體宇航員差點無法活著返回地球！

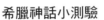

希臘神話小測驗
阿波羅手裡握著的是？

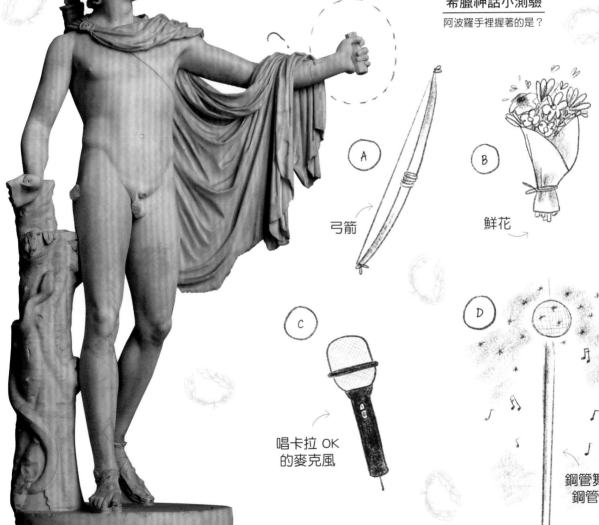

A 弓箭

B 鮮花

C 唱卡拉 OK 的麥克風

D 鋼管舞鋼管

《觀景殿的阿波羅》 *Apollo Belvedere*｜2 世紀｜梵蒂岡博物館｜義大利羅馬
這件雕塑是羅馬帝國時期的複製品，希臘原作創作於西元前 4 世紀。

答案：我們問了一位名叫妮歐碧的阿嬤，她稱 D……才怪啦，正確答案當然是 A。

荷米斯
Hermes

商人、旅行者和盜賊之神

荷米斯有才華，既調皮又機靈（甚至可說是狡猾）。他為奧林帕斯諸神充當信使，
同時也是商人、旅行者和盜賊的守護神（他自己就是個盜賊）。他還發明了各種各樣的樂器。
在神話故事裡，他是出場最多的一位神祇，他的出場通常是為了幫助其他英雄。

勞倫《阿波羅與荷米斯風景畫》（局部）*Landscape with Apollo and Hermes*｜約 1645｜多利亞・潘菲利美術館｜義大利羅馬
畫面前景的阿波羅，完全沒發覺後方的渾小子荷米斯偷走他的聖牛，還在自顧自演奏音樂。後來荷米斯送了一把里拉琴向音樂之
神阿波羅賠罪，才獲得原諒。

羅馬名：墨丘利 Mercury
詞源：翻譯者
父親：宙斯
母親：邁亞

盜賊之神

荷米斯出生第一晚，還是小寶寶的他就跳出搖籃，跑去偷阿波羅的聖牛（他想出了一個好主意，讓母牛們倒踩腳印走出牧場，這樣牠們的足跡就不會被追蹤到。＃真早熟）！這一切被一名牧羊人撞見了，荷米斯於是送他一頭牛，換取了他的沉默。從此，荷米斯對自己在不法之事上的天賦深感狂喜，他向母親表明心意，認為盜賊是天底下最好的職業，他自己將成為他們的神（＃職涯規畫）。隨後，他躡手躡腳回到自己的搖籃裡，重新睡著了（＃聰明鬼）。

龜殼製成的里拉琴

聖牛被偷，阿波羅很憤怒，立即懷疑到這個小罪人頭上。但荷米斯寶寶堅決否認：集盜賊與騙子於一身，這是何等的天賦！諷刺的是，他事先收買的那個牧羊人揭發了他。不過荷米斯又使出了漂亮的手段，他把自己剛用龜殼製成的里拉琴送給音樂之神阿波羅……這一招真有用，阿波羅開心極了，偷牛一事也就此作罷。因此，荷米斯又成了商人之神，儘管他的行為跟盜賊之神也沒什麼兩樣！

詞語中處處有他

荷米斯在拉丁語叫墨丘利，源自 merx 一詞，意指「商品」，因而衍生出 merchandise（商品）與 market（市場）等詞彙。他實際上是商業之神，因他在傳遞資訊或轉移財產方面機敏又迅捷。就因他如此機靈，人們用他的名字命名了水銀（mercury），這種金屬也叫「靈敏的白銀」（quicksilver）。最後，人們為了補全他在科學領域的建樹，還用他的名字命名了水星（Mercury），而法語「星期三」（mercredi）一詞也由此而來……可真是個小幸運鬼。

魔法世界處處有他

人們覺得荷米斯和古埃及神祇托特相似（比如托特幫助伊西斯讓歐西里斯死而復生）。在古埃及最後的法老王朝中，荷米斯和托特合而為一，成為「荷米斯‧崔斯莫吉斯忒斯」（Hermes Trismegistus，意為「三重偉大的荷米斯」）。這位神祕人物據說曾寫過一本著名的神祕主義書籍《荷米斯祕笈》（Hermetica），法文 hermétique 一詞也由此演變而來：hermétique 原指「祕傳的、圈外人難以理解」之意，後來才成了現在的「密封、閉塞」之意！

廣告裡處處有他

不知道是不是因為荷米斯一出生就偷了阿波羅的聖牛，一家以高檔牛皮製作皮件的知名品牌，就以他的名字命名。荷米斯在當代的市場行銷上極其活躍：他傳奇般的快捷速度和身為信使的形象，讓國際花商聯 Interflora 採用他的形象作 logo，也因他是旅行之神，一家酒店就以他的名字命名！

三對翅膀

熱情的阿波羅曾把他珍貴的金神杖送給這位盜賊寶寶，這是一根可以占卜未來的權杖。荷米斯在上面裝了兩條面對面的蛇，是他把牠們倆從一場爭吵中分隔開來的。自此，這柄權杖就成了商業買賣和雄辯之術的象徵，它甚至出現在國民議會的講台上（別把它和醫神阿斯克勒庇俄斯的權杖搞混了，那根上頭沒有翅膀，且只有一條蛇，象徵著醫學）！荷米斯還戴著一頂佩塔索斯帽，就是希臘旅行者常戴的那種圓頂寬簷的帽子，頂端裝有一對翅膀，就如綁在他鞋子上的那對一樣。

是你的錯　不，是你的錯

荷米斯傳來了訊息

荷米斯憑藉自己的機靈，成了諸神的信使。由於有一雙十分好用的鞋子，他奔跑速度飛快，而事實上，他的思維也和雙腿一樣快。比如，當阿芙羅黛蒂和阿瑞斯被當場捉姦，陷入網中時，荷米斯馬上向女神表明心跡，說自己願受三倍於此的痛苦，只求得她青睞。好狡猾啊！阿芙羅黛蒂當時正需要安慰，便應允了他。他們隨後擁有了一個屬於他們的孩子：荷馬芙羅黛忒斯（Hermaphroditus，荷米斯＋阿芙羅黛蒂），一個雌雄同體的孩子！

引導亡靈走向陰間

荷米斯是一個似乎什麼都能司掌的神祇：從醫藥到盜賊，甚至包括娼妓！此外，在那些喪失親人的家庭心中，他格外享有盛名：因為他是一個靈魂導航者，也就是說他負責引導亡靈走向地獄。他甚至有一次在宙斯的幫助下，把一個人的靈魂從亡者國度中帶出來（詳見 p46 的畫作，荷米斯將波瑟芬妮從地獄中救回）！

古代導遊

各位請看，在您的右手邊，便是地獄之門

詹博洛尼亞《飛翔的墨丘利》 *Flying Mercury* | 16 世紀 | 巴傑羅美術館 | 義大利佛羅倫斯
這件優雅至極的雕塑挑戰了重力法則：荷米斯給人一種飛翔的感覺！事實上，他的腳踩在風神埃俄羅斯的頭上……此外，這件作品起初是一座噴泉，當水從埃俄羅斯的嘴裡噴出時，更加給人一種輕盈飛升之感！

阿特蜜斯
Artemis

狩獵女神和野生動物之神

狩獵女神阿特蜜斯美麗卻不可征服，既可怕又凶殘。
她不信任男人，只渴望生活在森林中，與野獸和侍女為伴。

加油，媽媽，用力！

《凡爾賽的黛安娜》 *Diana of Versailles*｜西元2世紀｜羅浮宮｜法國巴黎
此為西元前 4 世紀古希臘原作的複製品。阿特蜜斯穿著一件長度在膝蓋以上的裙子，甚至還繫了一條腰帶！要知道，這樣的裝扮對於一個希臘女人來說，可算是非常不知羞恥的。可貞潔的阿特蜜斯對此卻有一個冠冕堂皇的理由：這身打扮可以讓她跑得更快。

助產女神

阿特蜜斯的母親是泰坦巨人麗朵，父親則是宙斯。麗朵懷孕時曾被赫拉追殺。後來她躲在荒蕪的提洛斯島上，經受了九天九夜難以忍受的痛苦之後，才成功分娩（＃我的天）。小寶貝阿特蜜斯先出生，她剛落地就幫忙母親誕下雙胞胎弟弟阿波羅，從那天起，她就十分喜愛弟弟。但是，由於母親在分娩時承受的巨大痛苦給她留下了陰影，她請求宙斯允許她永保處女之身。她對貞操的守護簡直到了病態的地步（「生小孩不適合我」）！

伊菲吉妮亞的獻身

阿特蜜斯傲慢又無情。有一次，邁錫尼國王阿格門儂打了一場漂亮的獵，自我吹噓道：「阿特蜜斯恐怕也沒本事殺死這麼美麗的雄鹿吧」。很不幸，這話被女神聽到了。為了懲罰他，女神設法阻止希臘的所有艦隊奔赴特洛伊戰場。阿格門儂這下知道大放厥詞的代價，他必須犧牲女兒伊菲吉妮亞，否則遠征之事將以失敗告終。心如死灰的他把女兒放在柴堆上準備焚燒，但最後，阿特蜜斯用一頭母鹿將伊菲吉妮亞替換，將她留作侍女。我的天！

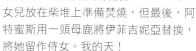
西元前 500 年｜古希臘錢幣

小熊座和大熊座

我是你媽媽！

有一天，宙斯愛上了阿特蜜斯最中意的侍女卡麗絲托。他化作自己女兒的樣子，只為了……強暴她。然而，當女神意識到她的侍女懷孕時（不再是處女），殘忍地將她變成了一頭母熊（＃不公平）。後來，卡麗絲托的兒子阿卡斯遇見了母熊，由於不知道眼前動物就是自己母親，打算將之殺死。此景被宙斯看到，他出於憐憫把二人升上天空。由此，天空中便有了小熊座和大熊座。

羅馬名：黛安娜 Diana
詞源：正直的
綽號：猛獸夫人
父親：宙斯
母親：麗朵，泰坦巨人

黛安娜，月亮女神

在羅馬人那裡，阿特蜜斯叫黛安娜，頭上常戴著一頂月牙狀的頭冠。這一特徵在希臘文化中很少出現，其可見於收藏在梵蒂岡博物館的雕塑《阿特蜜斯和獵狗》（Artemis with Dog，西元前 4 世紀）；亦可見於著名的阿內城堡（黛安娜·德·波迪耶的城堡）中的黛安娜雕像，這座城堡值得一去！

「像女獵人黛安娜一樣」

在藝術史中，「女獵人黛安娜」是一種眾所周知的藝術類型，這種典範是以 16 世紀法王亨利二世的首席情婦黛安娜·德·波迪耶為原型創造而來的。這位非常善於狩獵的情婦竭盡所能向貞潔女神看齊——除了她那些模仿女神的全裸畫像，這和貞潔無比的阿特蜜斯實在不像！

黛安娜馬術大賽

170 多年來，在香堤伊舉行的黛安娜馬術大賽一直是法國最著名的馬術比賽之一，當中的女性觀眾喜歡用頭上的禮帽爭奇鬥艷。當然，這項大賽流傳至今並非偶然，黛安娜本就是女騎士的守護神，而這項賽事也會獎勵跑得最快的母馬（可不是公馬哦！）。對於女神中跑得最快的黛安娜來說，這實在是小事一樁！

#壞蛋

楓丹白露畫派《女獵人黛安娜》 *Diana the Huntress* | 16 世紀中期 | 羅浮宮 | 法國巴黎
在這幅畫作中，客串演出的黛安娜·德·波迪耶向我們展示了她的熟女體態。她是亨利二世最重要的情婦，比他大二十歲。

冷酷貞女

阿特蜜斯迷戀自己的貞潔之身，甚至因此變得冷酷無情。比如，她曾讓可憐的迷路獵人阿克泰翁承受了無比殘忍的懲罰，只因她在一條小溪中裸身戲水時被他撞見——人家又不是有意的！阿特蜜斯當時怒不可遏，就向阿克泰翁身上彈了幾滴小水珠，立即把他變成一頭雄鹿。驚慌失措的阿克泰翁一邊逃跑一邊發出鹿鳴，可他的獵犬很快就追上他，活活把他吃掉！

酒足飯飽，萬事皆空！

提香《阿克泰翁之死》 *The Death of Actaeon* | 1559–1575 | 倫敦國家畫廊 | 英國倫敦
這幅作品或許展現的是人類面對神祇時的殘酷處境，但與此同時，它也向我們揭示出女性對男性的萬能吸引力。

赫費斯托斯
Hephaestus

火神、石砌之神、鍛造之神、工匠之神、藝術家之神

赫費斯托斯長得奇醜，為人卻十分熱情。一方面醜到令人嫌棄，一方面又聰慧靈巧，惹人喜愛。
他大概是奧林帕斯山上最有用的一位神祇了，即便他的外形曾給他帶來諸多煩惱……

古代的鐘樓怪人

赫費斯托斯的母親，也就是邪惡的赫拉，決定報復她不忠的丈夫宙斯，她要證明自己不需要他也能生出孩子，於是「獨自繁育了一個寶寶」。可是……恐怖又不幸的是，她的新生兒看上去奇醜無比！他實在是太難看了，就連赫拉都羞於利用這個侏儒去嘲弄宙斯。為擺脫這個孩子，她偷偷把他從奧林帕斯山頂上扔下去，她真不配做母親。從山頂墜落的過程持續了整整一天，本就是畸形兒的赫費斯托斯，樣子更加難看了。可憐的小羔羊啊！

權力的遊戲

墜落中的赫費斯托斯寶寶，最後落進一群善良的仙女之間，她們偷偷把他撫養長大。仙女們教他如何打造首飾，他很快就展露出過人天賦。某天，他忽然萌生了一念，要為他的母親製作一個華麗的金王座，以此為自己復仇。當赫拉滿心歡喜坐上去，卻發現……王座設置了機關，她再也站不起來了！赫費斯托斯斷然拒絕解救他的生母，酒神戴奧尼索斯只好將他灌醉，迫使他作出讓步。從此以後，上過一次當的赫拉，開始對這個被她拋棄的小兒子投入關愛！

#凜冬將至！

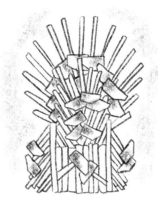

西西里島

埃特納火山

火山專家伏爾坎

「愛情是盲目的」，但再怎麼樣都有個限度。赫費斯托斯詼諧熱情，勤奮且有天賦，即便如此，他的愛情也是徒勞一場，因為他的追求太不切實際了，他竟然相信最美的女神會愛上他這個最醜的神祇（還是個瘸子）。他用魔法腰帶引誘阿芙羅黛蒂後，娶到了這位卓越的女神……但後者卻在婚後不斷背叛他。為了自我安慰，赫費斯托斯把他的鍛造場安置在埃特納火山內部，將自己封閉，好全心工作。「火山」英文為 volcano，法文為 volcan，都源於赫費斯托斯的羅馬名——Vulcan／伏爾坎。

tinder

#無法配對

能夠主宰火，卻無法主宰女人

赫費斯托斯是位不知疲憊的勞動者，奧林帕斯山上所有美麗的東西都是他的作品，包括丘比特的箭——可他自己卻得不到愛，多麼諷刺！透過他的母親和妻子，他已經見識到最醜陋的女人靈魂，所以當宙斯命他創造出第一個人類女性潘朵拉時，他的腦海中冒出很多想法。赫費斯托斯不僅成功，還做過了頭，因為正是潘朵拉把所有痛苦與罪惡帶往人間……

1904 年，美國阿拉巴馬州伯明罕市豎起一座當時世上最高的鍛鐵雕像（高 17 公尺），讓赫費斯托斯成為城市的標誌，以向當地的鋼鐵冶煉工業致敬，它促成了這座城市的誕生，也繁榮了整個地區。後來，一座公園和一座博物館也圍繞這座雕像建起！

羅馬名：伏爾坎 Vulcan
詞源：燃燒者
綽號：瘸子
母親：赫拉（無性繁殖）
妻子：阿芙羅黛蒂

宙斯雷霆鑄造者

除了赫費斯托斯之外，還有誰能鍛造出宙斯的雷霆呢？普拉多美術館的一幅魯本斯作品就表現了這一主題：赫費斯托斯頭戴一頂紅色工匠帽（皮勒斯帽），正在打造一根精緻優美的閃電，動作明顯猛烈而粗暴。赫費斯托斯身上的矛盾之處全在於此：關注表面的人只能看到一個粗人，唯有細心審視的人才能理解其中蘊含的意義……

一記斧擊

在雅典，赫費斯托斯與雅典娜共用一座美麗神殿：赫費斯托斯神殿。一般認為，雅典娜的出生更像是赫費斯托斯幫助下的結果。的確，多虧他的銅斧把宙斯頭痛欲裂的腦殼劈開，身著華服、全副武裝的雅典娜才能從裡面蹦出來，而宙斯也才能從偏頭痛的痛苦中解脫。因此繪畫中在表現雅典娜出生的主題時，赫費斯托斯也經常出現其中。

魯本斯《伏爾坎為朱比特鑄造雷霆》 *Vulcan forging the Thunderbolts of Jupiter*｜1636–1637｜普拉多美術館｜西班牙馬德里

《星艦迷航記》

《星艦迷航記》（Star Trek）中的史巴克來自瓦肯星（Vulcan，取自赫費斯托斯的羅馬名 Vulcan／伏爾坎）。這是一個滿是荒漠的星球，被灼沙風暴和雷霆閃電侵襲過。火？雷？這下更容易理解這個星球為什麼叫「Vulcan」了吧！

左一為瓦肯人史巴克，《星艦迷航記》的主角之一。

阿基里斯的武器

當赫費斯托斯從奧林帕斯山頂被拋下時，是海洋仙女緹蒂絲收留他並撫養他長大，所以當緹蒂絲需要他的幫助時，他自然沒有拒絕。緹蒂絲為保護自己的兒子阿基里斯在特洛伊戰爭中的安全，請求赫斯托斯為他打造一副盔甲。赫費斯托斯誓要比以往做得都要好，於是打造出一副前所未見的精美絕倫盔甲，尤其那面盾牌，完美地雕刻出整個世界（＃藝術家赫費斯托斯）。

Heigh-Ho
Heigh-Ho
一天工作結束！

弗拉克斯曼《阿基里斯之盾》 *Shield of Achilles*｜1821｜白金漢宮女王畫廊｜英國倫敦

特洛伊戰爭時，阿基里斯的戰友暨表弟帕特羅克斯借走他的裝備，向敵人出擊，然而他卻因此喪命，裝備也被敵人奪走（詳見p101）……赫費斯托斯因此打造出這套新裝備。

阿瑞斯
Ares

戰爭之神、暴力之神和毀滅之神

戰爭之神阿瑞斯相當為人所憎——他也確實非常可恨。
他最熱衷於激烈的戰鬥、劫掠和鮮血，他的名字是「殘酷之死」和「瘟疫」的同義詞。真是前途無量啊。

我是不被愛的那一個

所有人都鄙棄阿瑞斯，甚至他的父母宙斯與赫拉也厭惡他。他是兩人唯一合乎倫理誕下的兒子，可依然沒因此獲得好運。他若非既卑劣又膽怯，他的身分至少會使他得到些憐憫。唯一愛他的只有阿芙羅黛蒂，但她也只是貪戀他俊美的容顏、他的肌肉，以及他那身耀眼的盔甲……阿瑞斯與阿芙羅黛蒂生了兩個孩子，戴莫斯（恐慌）和福波斯（恐懼），這兩個同樣遭人討厭的孩子陪他們的父親一起走上了戰場。

非正義者，卻是正義的象徵

讓人頗感吃驚的是，雅典城的刑事法庭阿瑞奧帕古斯（Areopagus）竟以阿瑞斯（Ares）的名字命名。事實上，阿瑞斯殺死了一名強暴自己女兒的罪犯後，眾神在衛城，即凶殺現場對面的山丘上召開了歷史上第一場審判，並宣告阿瑞斯無罪（僅一人投反對票），自此以後，雅典人民就在這座山丘上審判所有的殺人犯。「阿瑞奧帕古斯」意即「阿瑞斯的山丘」。今日，這一詞彙依然意指當權者的集會和希臘最高司法仲裁機關！

下一位！

大衛《被維納斯解除武裝的戰神馬爾斯》 *Mars Being Disarmed by Venus*｜1824｜比利時皇家美術館｜比利時布魯塞爾
一向惹人厭的阿瑞斯擺出一副倨傲的姿態，接受維納斯（阿芙羅黛蒂）和三美神的愛意，並讓她們為自己解除武裝。此時，小調皮鬼丘比特正為他解開鞋帶（大衛花了三年時間才完成這幅作品，亦是他最後的作品！#只要做愛不要戰爭）。

復仇之神

阿瑞斯既不理解正義也不知曉法律（或許他僅知道戰爭的正義），但也許正因如此，他倒成了誓言之神！的確，哪個違背誓言的人不會萬分畏懼這位復仇之神、毀滅之神、劫掠之神呢？雅典城裡的那些小夥子一定出於這樣的緣由，在即將成人之際，以阿瑞斯之名發誓熱愛和守衛自己的家鄉。

被捉姦在網

唯一愛慕阿瑞斯的只有愛神阿芙羅黛蒂。她甫一嫁給赫費斯托斯，就馬上背叛他，開始與遠比他英俊的阿瑞斯偷情。但某天清早，這對情人被太陽神阿波羅撞見，他將此事告知她那位怒火中燒的丈夫。鍛造之神決定復仇，他織就一張透明網，放在阿芙羅黛蒂的床上，把這對偷情者一網打盡，然後將赤裸糾纏在一起的二人拖至奧林帕斯山諸神面前，任眾神嘲笑他們。受盡凌辱之後，阿芙羅黛蒂和阿瑞斯分道揚鑣，各自流亡……

羅馬名：馬爾斯 Mars
詞源：殺人者
綽號：害人精
父親：宙斯
母親：赫拉

遇見阿瑞斯

委拉斯蓋茲《馬爾斯小憩》 *Mars Resting* │
1638│普拉多美術館│西班牙馬德里
為了顯得滑稽一些，委拉斯蓋茲故意創作一幅
沉思中的馬爾斯，好像他在思考本身就是件荒
誕的事（＃嘲弄）。有一說認為，他想起赫費
斯托斯讓他承受的種種屈辱。

馬爾斯校場│巴黎

馬爾斯校場

路易十五統治期間曾在巴黎的馬爾斯校
場成立軍事學校，並利用學校前面的空
地訓練士兵。而羅馬人早已用馬爾斯的
名字來命名這練兵場，以向這位戰神致敬，
法國人仿效這種做法，也是合乎情理。被
命名為馬爾斯校場的那片空地，像極了
古代都城。

馬爾斯比阿瑞斯吃得開？

希臘人厭惡「阿瑞斯」，羅馬人卻非常
喜歡他們的拉丁對應神祇「馬爾斯」，
因為他是永恆之城羅馬的兩位奠基人：
羅慕樂與雷慕斯的父親。他們以馬爾斯
（Mars）之名命名星期二（Martis）與三
月（Martius），三月被視為一年中的第
一個月（因為新的一年始於戰爭季＃三月
到，再出發！）。這下子你們更該明白，
為什麼說九月從詞源上來說，是一年中的
第七個月了吧（而不是第九個）！

火星大進擊！

這顆鮮紅似血的行星，如果不以那位嗜
血的神祇「Mars／馬爾斯」命名，還有誰
更合適呢？天文學家們甚至更進一步，把
火星的兩顆衛星（「衛星」一詞亦有「保
鏢」之意）用阿瑞斯那兩個可怕兒子的名
字命名：「福波斯」和「戴莫斯」，他們
曾陪阿瑞斯共赴戰場，無可厚非。

安東尼・霍夫曼《全面失控》 *Red Planet* │
方・基墨、凱莉－安・摩斯主演│2000
太陽系中的這顆火星鮮紅似血。

《阿瑞斯頭像》 *Head of Ares* │西元前 420 年
戰神阿瑞斯／馬爾斯經常被描繪為年輕人模
樣（有時甚至是兒童），因為戰爭正是屬於年
輕人的活動。在古代義大利的「聖春」儀式中
（Ver sacrum，社群共同體面臨存亡危機時所
舉行的儀式，生於春季的年輕人會被獻給馬
爾斯，讓他們成年後到別的城市進行殖民佔
領），年輕人會前往他鄉進行殖民佔領，馬爾
斯是這群人的精神領袖。

喂！臭小子，
過來，我們去
打仗啦！

呃，老爸，
我們只想做自己
喜歡的事好嗎？

＃福波斯　＃戴莫斯

黑帝斯
Hades

冥府之主、死亡之神，同時也是豐產之神

作為宙斯的哥哥，黑帝斯是冥府之神。
他在自己那隻有名的三頭犬塞伯拉斯的協助下，看守著那些渡過冥河的亡靈。

隱形能力

黑帝斯曾被他可怕的父親克羅納斯吞進肚中，其弟宙斯設法讓父親喝下催吐藥，這才將他吐出。憤怒的克羅納斯為與孩子們對抗，將他可怕的泰坦巨人兄弟放了出來。但在另一陣營，黑帝斯與兄弟們解救出幾位獨眼巨人，後者出於感激，送給了黑帝斯絕妙好禮：一頂頭盔。這頂狗皮製頭盔，戴上便能隱身……這便是黑帝斯的綽號「隱身者」的由來……這可比哈利波特的隱形斗篷厲害多了！

帽子是很有用，但樣式不太行！

綁架波瑟芬妮的人

在戰勝泰坦巨人後，黑帝斯分到了幽冥地府的掌控權。他從不離開地下世界，因此幾乎沒有結婚的可能。唯有一次，他離開地府，就為綁架他那年輕貌美的姪女波瑟芬妮，她當時正在西西里島上悠閒地採摘水仙花。但後來，波瑟芬妮那同時是農業女神和收穫女神的母親黛美特找到宙斯，要求黑帝斯歸還自己的女兒，否則她就阻止世間所有的種子發芽……

華特·克藍《擄走波瑟芬妮》 *The Rape of Persephone* | 19 世紀 | 裝飾藝術美術館圖書館 | 法國巴黎
「他把我帶至黑夜盡頭，午夜之魔。」

六顆石榴種子

波瑟芬妮被綁架後，世間充滿了災難，漫長的冬季使人們陷入飢荒（＃做好準備，凜冬將至）。宙斯不得不讓步，命令黑帝斯送回波瑟芬妮。可是，惡毒的黑帝斯已讓少女吃下了六顆石榴種子。無論是誰，只要吃了冥界的食物，就再也無法從冥府離開。最後，宙斯為此事做出了斷：波瑟芬妮每年有六個月可以待在地面，但另外六個月必須回到冥府和黑帝斯一起生活。此後，她的母親在每年孤單一人的六個月裡，便讓冬季回到人間……

「那個人」

由於懼怕這位毫無憐憫之心的神祇，希臘人民永遠不願直呼他的名字黑帝斯，而更願意叫他「富有者」（希臘語「Ploutôn」，後來演變成拉丁語「Pluto」），並供奉給他豐厚的財寶。會不會是因為大家想通過這一褒義的綽號來討好他呢？抑或是大家已經懂得，正是因為有了冬天的存在，春天才可能到來的道理？黑帝斯的雙叉戟是他的身分標誌（與他兄弟波賽頓的三叉戟不同），也很可能是撒旦魔鬼叉的起源。

別吃我們！
by 平民

弗朗索瓦·德·諾姆《冥府》 Hell｜1622｜貝桑松美術與考古博物館｜法國貝桑松
波瑟芬妮和黑帝斯在畫面左側，注視著他們的地下王國。冥河橫在中間，使人間和亡靈國度分隔開來。我們甚至能看到擺渡人卡戎正在過河。

遇見黑帝斯

最陰森淒涼的行星

太陽系中溫度最低的行星在 1930 年被發現，命名為冥王星（Pluto／普魯托，源自黑帝斯的拉丁名），很聰明，因為它的確與冥府的幽冷特徵非常吻合。更聰明的是，圍繞冥王星的兩顆衛星被命名為「塞伯拉斯」（他的看門犬）和「卡戎」（亡靈擺渡人）。

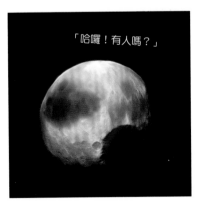

「哈囉！有人嗎？」

冥王星，已不再是一顆行星。

柏樹，黑帝斯之樹

你是否注意到墓園裡唯一允許種植的樹是柏樹？是的，柏樹是唯一根部會嚴格縱向生長的樹，因此不會有打擾亡靈的風險。希臘人懂得這個道理，所以視柏樹為黑帝斯之樹，當人們為黑帝斯奉上祭品時（只在午夜送上黑色動物），司儀們會戴上柏樹皇冠（＃符合邏輯）。

謝謝！

如果你真的想找到黑帝斯的話，請翻到 p47，那裡有冥府地圖。

羅馬名：普魯托 Pluto
詞源：富有者
綽號：隱身者
父親：克羅納斯，泰坦巨人
母親：瑞亞，泰坦巨人

「隱形」的神殿（如同黑帝斯）

迪士尼動畫電影《大力士》（Hercules）中，黑帝斯是個面目可憎的傢伙（尖牙、頭髮是一團藍色火焰……）。他總是懷揣卑鄙念頭，企圖取代宙斯！總之，是一個邪惡的神祇，幾乎完美對應了魔鬼撒旦的形象。電影對這位神祇的刻畫顯然不同於他在希臘人心中的樣子，雖然希臘人對他也沒什麼好感，要知道，幾乎找不到一座神殿或一首聖歌是獻給他的。

戴奧尼索斯
Dionysus
葡萄酒之神、酒神和豐產之神

沉迷享樂與縱欲的酒神戴奧尼索斯，同時也是喜劇與悲劇之神，希臘人創作的眾多詩歌和戲劇都是向他祝聖的；另外也有一些與其相關的祕密宗教團體和崇拜儀式，不過形式過於放蕩，最終被元老院禁止了……

放飛自我的小派對

凱撒・范・埃弗丁根《戴奧尼索斯、兩位寧芙仙女和丘比特》 *Dionysus with Two Nymphs and Cupid* | 1660 | 歷代大師畫廊 | 德國德勒斯登

羅馬名：巴克斯 Bacchus
詞源：尼撒神
父親：宙斯
母親：瑟美莉
妻子：雅瑞安妮

燃燒的母親

瑟美莉是個普通的凡間女子，卻得到宙斯的瘋狂愛戀，她後來懷上宙斯的孩子——這當然引起赫拉的強烈嫉妒。詭計多端的赫拉誘導美麗的瑟美莉，讓瑟美莉要求宙斯「以冥河起誓」，達成自己一個心願……結果這個心願竟是讓宙斯以光耀的真神面目現身。恐怖啊！宙斯不得不遵守諾言，在瑟美莉面前現出萬丈光芒，結果她的身體瞬間著火。但宙斯還是成功救出他們的孩子，並祕密地藏在自己的大腿上……

量身訂做的孕婦褲

從朱比特腿上出生

在母親慘死後幾個月，小戴奧尼索斯從宙斯的大腿上出生了。宙斯親自將他孕育而出，這賦予了戴奧尼索斯全然不同的神祇形象，儘管他只是個半神。俗語「從朱比特腿上出生」即來源於此（意指出身高貴，十分傲慢）！然而，戴奧尼索斯卻未像其他神祇一樣在奧林帕斯山上擁有一席之地：他漂泊四方，頭戴葡萄枝編織的花冠，倚在他的酒神杖上，穿過森林和原野，身後還跟著吵吵鬧鬧的隨從。

紅色酒神節，酒紅即血紅

有關戴奧尼索斯的祭祀儀式都非常野蠻。他的女祭司都是歷史上真實存在過的人物，他們互稱邁納得（或拉丁語「巴康特」），意指「著魔之女」，這是因為她們總是一副被鬼魂附身的樣子。在希臘神話裡，她們經常和森林之神薩提爾（一名半人半羊的神）一起在樹林中舉辦狂歡節，並且會徒手殺掉一些野生動物。然後，她們用鮮血和葡萄弄髒彼此的臉頰，扯下生肉直接吞食。最後，也很嚇人的是，她們會把獵物的皮穿到自己身上……太噁啦！

來打啊！

酒的雙面性

戴奧尼索斯的祭祀儀式可怕又可惡，於是底比斯國王彭透斯想把戴奧尼索斯和他的信徒們都囚禁起來，卻不知自己抓到的是位神祇。為了報仇，戴奧尼索斯讓國王的母親和姐妹被鬼魂附身，再將她們完全灌醉，讓她們相信彭透斯是一頭野獸，她們徒手把彭透斯撕成碎片，食其肉身……哎呀。由此可見酒水／戴奧尼索斯本身的雙面性：小酌怡情，過量傷身！

媽，我考太爛都是戴奧尼索斯害的！

卡拉瓦喬《年輕的酒神》 *Bacchus* | 1598 | 烏菲茲美術館 | 義大利佛羅倫斯
畫家借酒神之名，讓他的模特兒同時也是他的情人，擺出了一個性感姿勢！

這姿勢多自然

繪有戴奧尼索斯的酒標，手中持有酒神杖 | 19 世紀 | 個人收藏

遇見戴奧尼索斯

法國高中畢業會考

法國高中畢業會考（baccalauréat）源自巴克斯（Bacchus，戴奧尼索斯的羅馬名）！中世紀時，尚未成為騎士的年輕貴族們，都擁有幾英畝用來種植葡萄的土地，這些土地就叫 baccalaria，擁有這些土地的貴族則叫 bacheler。後來這個詞語指稱所有尚未結婚的年輕貴族（英文中的 bachelor〔單身漢〕即源於此），也常指法國的大學生。法蘭索瓦一世後來創立了名為 baccalauréat 的騎士等級制度，專門獎勵那些在文學和科學上表現出眾的人。到了 1808 年，拿破崙又將該詞用於表示「高中畢業會考」（另一種解釋認為該詞源自黛芬妮，詳見 p67）。

我用星星為你加冕

戴奧尼索斯到處閒逛和旅行，某一天在納克索斯島遇見了雅瑞安妮。她當時被卑鄙的翟修斯拋棄，虧她之前還救過他。戴奧尼索斯瞬間被她的美貌吸引，他安慰她，並在克里特島娶她為妻，此後這個故事就經常成為藝術作品的主題：戴奧尼索斯把他的花冠扔向天空，向雅瑞安妮致意，花冠後來成了北冕座。好浪漫啊！

悲劇一詞的由來

在雅典盛大的酒神節期間，會上演一些悲劇（tragedy）向酒神致敬。希臘語中 tragos 意指「公山羊」，tragedy 意指「公山羊的頌歌」，而戴奧尼索斯那些著了魔的女祭司，身上披的就是公山羊皮（或是其他野生動物皮）。

引起恐慌的壞朋友

戴奧尼索斯最喜歡的兩個夥伴是賽倫諾斯和潘恩。賽倫諾斯是一個年長、淫蕩又大腹便便的森林之神（擁有羊角、羊蹄與羊尾巴），他收留並養大了戴奧尼索斯；潘恩則是集體歇斯底里及牧羊人的神，他滑稽可笑，極受大家歡迎，還整日追逐仙女獻殷勤，仙女們都被潘恩嚇壞了，「恐慌」（panic）一詞即來自於「潘恩」（Pan）。

黛美特
Demeter

農耕與收穫之神，窮人和勞動者之神

黛美特（柯瑞斯）是一位美麗的女神，金髮「似麥浪」。這並非偶然，正因柯瑞斯的存在才讓穀物得以生長！
世人非常感激她帶來農業的豐收，可她唯一的女兒波瑟芬妮，卻為她帶來不少煩惱……

巴蒂斯塔·多西《柯瑞斯》 *Ceres* | 16世紀 | 國立古代藝術美術館 | 義大利羅馬

#好可愛

科孚島瘋狂之愛

當宙斯化作一頭公牛強暴黛美特之時，她不情願也不得已地成了波瑟芬妮的母親。但在此之前，黛美特對女性更感興趣。她曾深愛過科孚島上的美麗仙女瑪珂瑞斯，出於對她的愛，黛美特教會島上的泰坦人種植和收割的技藝；此後，所有人類都因此受益。我們要感謝誰呢？瑪珂瑞斯，感謝你！

#愛在空中飄盪

波瑟芬妮被劫持

有一天，黛美特年輕漂亮的女兒波瑟芬妮正在西西里島草原上採摘水仙花，大地忽然裂開，冥府之王黑帝斯駕著一輛馬車衝了出來，黑馬漆黑如夜。黑帝斯將波瑟芬妮劫持到陰間，誓要娶她為妻。絕望至極的黛美特在整片大地上搜尋九天九夜。她宛如發瘋般，兩手各持一把火炬，向所有遇見的人詢問是否見過她女兒……

艾列夫西納的「祕方」

黛美特像個老乞丐般固執地尋找女兒。某天，她走進艾列夫西納城邦，請求當地人讓她留宿。國王盛情款待，作為回報，她送麥子給國王，並向他的幾個兒子傳授農耕祕方。此後，艾列夫西納人每年都會紀念這些「祕方」，舉辦一場持續九天九夜的慶典（正是黛美特尋找波瑟芬妮的所費時間）。因為豬被視為女神的聖獸，人們將豬作為祭品，進奉給她。

四季兩季女神

得知黑帝斯劫持了自己女兒，黛美特生無可戀，所有植物隨之凋零，世人陷入寒冬與飢荒中。目睹了這樣的災難，宙斯不得不讓步，他命令黑帝斯將波瑟芬妮送回。可是，惡毒的黑帝斯已讓這個年輕女孩吃下六顆石榴種子。無論是誰，只要吃了冥界食物，就再也無法離開。最後，宙斯為此事做了了斷：這位年輕女孩每年能有六個月待在地面，但另外六個月，則必須回到地府和黑帝斯一起生活。自此之後，她母親在每年那孤單一人的六個月裡，便讓冬季回到人間……

柯瑞斯麵條廣告

遇見黛美特

古希臘喜劇《地母節婦女》

所有可食或幾乎可食之物皆由女神黛美特司掌，由於麵包是古希臘人的主要食物，所以在雅典負責做飯的婦女們（這點至今未有大變化）非常敬重這位女神。這種尊崇根深蒂固，以至誰要是洩露了製作麵包的祕方就會被處以死刑！劇作家亞里斯多芬尼斯由於不曉得祕方所在，便寫了喜劇《地母節婦女》（Thesmophoriazusae）嘲諷此事（#嫉妒）。

Boo～
退錢啦！

生物動力農法的標誌

Demeter 作為生物動力農法的國際認證機關，倚仗著遍佈全世界 53 個國家的檢測機構。作為有機認證領域的最高標準，它還帶有某種形式的德魯伊教色彩，與自然界之間保持著某種神祕聯繫，並遵守著一些近乎宗教性質的規範……誰說對黛美特（Demeter）的崇拜已經消亡了？

穀物女神

黛美特是非常重要的女神，因為古希臘的經濟便以眾所周知的地中海三寶——橄欖、葡萄、穀物（大麥和小麥）為基礎。因為她確保了城邦的繁榮昌盛，所以格外受到大家尊崇。時至今日，她的影響仍未消滅，「穀物」（cereal）一詞便來自女神的拉丁名「柯瑞斯」（Ceres）！早餐吃喜瑞爾（Cerears）時你一定會想起她的。

早安！
一天美好
的開始

CORTÈGES. — Fête en l'honneur de Cérès dans l'antiquité.

遊行隊伍，古代向柯瑞斯致敬的節慶活動。

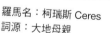

羅馬名：柯瑞斯 Ceres
詞源：大地母親
父親：克羅納斯，泰坦巨人
母親：瑞亞，泰坦巨人
女兒：波瑟芬妮

赫斯提亞
Hestia

聖火之神和地灶之神

作為奧林帕斯山眾女神中最鮮為人知的一位，溫柔聖潔的赫斯提亞既是地灶之神和聖火之神，
又是房屋建造藝術的締造者。

帕多瓦尼諾《描繪維斯塔、海門、馬爾斯和維納斯四神的婚姻生活寓意畫》*Allegory of Married life depicting the Gods Vesta, Hymen, Mars and Venus*｜1630｜藝術史博物館｜奧地利維也納

最具智慧的諸神大姐

赫斯提亞是諸神的大姐，她和她的弟弟妹妹們一樣曾被父親克羅納斯吞進肚中。多虧弟弟宙斯的妙計，她才能第一個被父親吐出來。簡而言之，她是雙重意義上的大姐，不僅擁有大姐的身分，亦擁有大姐的智慧。在奧林帕斯山上，她永遠不參與眾神或眾人間的紛爭。為感激她對奧林帕斯山和平的維護，每次信眾獻上祭品，宙斯都要把第一份分給赫斯提亞。

絕不愚蠢的驢子之神

一位女神的貞潔之身總能引起諸神覬覦，向來如此。赫斯提亞的象徵符號之一是驢子，這源於她的一次不幸遭遇。某天，陰莖之神（永遠處於勃起狀態）普里阿普斯企圖趁她熟睡時強暴她。要不是普里阿普斯的驢子為叫醒她開始大叫，女神便沒法得救了。驢子，可不是蠢貨！

赫斯提亞神殿｜義大利羅馬

貞女可不是叫假的

雖然説女神赫斯提亞在希臘人氣稍遜，可她的羅馬名維斯塔卻廣為人知。她的女祭司都是聖潔貞女，被認為可與羅馬最尊貴的女人並列。在堅守聖職的三十年裡，她們必須保護好自己的貞操，如果被人發現破了戒律，便會被活埋。作為交換，她們在羅馬城的各個領域都享有一定特權。

那個誰！
救救我！

維斯塔
女祭司之墓

在我們熟悉的家中

vestibule（門廳）一詞可能就源於 Vesta／維斯塔，因為在舊式羅馬住宅中，地灶就被安置在門廳。那裡是家中生火的地方，由於火要為準備祭品服務，因此永不熄滅。

《女神赫斯提亞的女祭司》 *Priestesses of the Goddess Hestia*｜私人收藏

奧林匹克聖火

在所有希臘城邦中，聖火都被安放在城市的「總統府」所在地，即某種形式的市政廳，當時也被稱作「會堂」。赫斯提亞祭壇上燃燒的聖火被所有人珍視，因為它在某種程度上承載著城邦的靈魂：它長明不滅，並且會被傳送到那些殖民區（子城邦）去。德爾斐有其特殊的赫斯提亞崇拜儀式，這座城市當時被視為全世界的中心，因此，那裡的聖火也被認為是整個希臘共同擁有的聖火。不僅如此，奧林匹克聖火也是赫斯提亞所賜予的。

戴著面紗的地灶女神

赫斯提亞一直小心翼翼地藏身於奧林帕斯山上，因此她的形象幾乎從未出現在人們的雕塑或陶器作品中。即使有所表現，她也經常是以戴著面紗的形象出現，彷彿在向世人昭示她是「專屬於」家庭的。詩人奧維德非常吃驚於這一形象在藝術作品中的缺席，畢竟每個城邦的火種中都有這位女神的影子……這樣一想更是讓人難過！

羅馬名：維斯塔 Vesta
詞源：燃燒
綽號：家中地灶
父親：克羅納斯，泰坦巨人
母親：瑞亞，泰坦巨人

看得見我，看不見我
看得見我，看不見我
看得見我一點點，又看不見我

太陽

太陽系行星與代表神

0.4 AU

水星
Mercury
（墨丘利／荷米斯）

這顆行星以荷米斯命名是基於它運轉速度最快的事實——恰如荷米斯，作為諸神信使，是諸神中奔跑速度最快的。

0.7 AU*

金星
Venus
（維納斯／阿芙羅黛蒂）

太陽系中最熱的一顆行星，表面溫度 465℃！（＃熱 ＃有些人就愛它的熱烈）。這也是天空中繼月球和太陽之後，最亮的一個星體（＃愛在天空中）。

1 AU

地球
Earth
（大地／蓋亞）

我們所有人的母親。

1.5 AU

火星
Mars
（馬爾斯／阿瑞斯）

外表鮮紅如血的星球，就像戰神熱衷看到人們拋灑鮮血一樣。鑲嵌在它兩側的兩顆天然衛星，分別以阿瑞斯的兩個兒子命名：福波斯（恐懼）與戴莫斯（恐慌）。

5.2 AU

木星
Jupiter
（朱比特／宙斯）

這是太陽系中最大的行星——就像宙斯是諸神中最厲害的！那些天然衛星的存在，彷彿就在向他的眾多情人致敬（但不總是徵得人家同意的！）。這些情人中有兩個被他綁架的凡人（愛奧和歐羅芭），還有一個男孩甘尼梅德也被他劫持到了奧林帕斯山，此外還有仙女卡麗絲托，也是被他強暴的！

9.5 AU

土星
Saturn
（薩頓／克羅納斯）

土星冰冷的光環不禁讓人雞皮疙瘩——把它喻為一個會把自己孩子吞進腹中的神，實在是恰當不過。

19 AU

天王星
Uranus
（優拉紐斯／烏拉諾斯）

這顆行星藍得明亮，既像天空，也像烏拉諾斯，他是宙斯的祖父，第一代天空之神！

30 AU

海王星
Neptune
（涅普頓／波賽頓）

這顆行星如大海一樣蔚藍。其中三顆衛星分別是屈東（波賽頓的兒子，半人半魚，海浪之神）、涅瑞伊得斯（海洋仙女們的總稱）、拉里沙（波賽頓的一個情人，曾為他生了三個孩子）。

39 AU

冥王星
Pluto
（普魯托／黑帝斯）

這顆行星（自 2006 年起被列為「矮星」，不再屬於行星之列）在太陽系中是溫度最低（零下 228℃）和距離太陽最遠的一顆行星。它就像冥界之神一樣，主宰著幽寒的地下世界！

*地球距離太陽約 1 億 5000 萬公里，這個距離被稱作「AU」（一個天文單位），方便計算行星之間的距離。

一週七日代表神

神曆

「星期」的概念直到西元 3 世紀才出現，在那個時代，人們只觀測到六顆行星（還有太陽）。

星期一
Monday
月球日：阿特蜜斯 / 黛安娜

她經常頭戴一頂新月形頭冠

阿特蜜斯是月亮女神

阿特蜜斯粗野又兇殘，就像那些她在黑夜裡看到和獵殺的野獸一樣

星期二
Tuesday
火星日：阿瑞斯 / 馬爾斯

馬爾斯在日曆中出現過兩次：星期二和三月

羅馬人喜歡馬爾斯，希臘人卻討厭阿瑞斯，因為他象徵著殘酷的戰爭

星期三
Wednesday
水星日：荷米斯 / 墨丘利

荷米斯是掌管一切可疑工作的神祇

星期四
Thursday
木星日：宙斯 / 朱比特

拉丁文星期四「dies Jovis」即「宙斯日」之意

朱比特的招牌 pose

宙斯是主神，可他卻沒能佔據一週中的主要日子

星期五
Friday
金星日：阿芙羅黛蒂 / 維納斯

阿芙羅黛蒂是一位真正的美人

我們喜歡看到裸體的愛神

艾若斯 / 丘比特的性感媽媽

星期六
Saturday
土星日：克羅納斯 / 薩頓

星期六（Saturday）的另一種詞源解釋，來自「Shabbat」（安息日）或「Sepmedi」（第七日）

古羅馬農神節（Saturnalia）是崇拜薩頓（Saturn）的節日，狂歡節期間，主人和奴隸地位平等（# 就像週六一樣）

星期日
Sunday
太陽日：赫利歐斯 / 阿波羅

英文星期日「Sunday」即「太陽日」之意

對法國人來說，星期日「dimanche」是唯一在詞源上明確與基督教有關的一天，來自拉丁語「dies Dominicus」，即「主日」之意

備忘
月份的由來

★ 3月/March：美好日子的開始，戰爭重啟；一年中的第一個月。

★ 4月/April：源自拉丁文Aprilis（打開），此月即花開之月。

★ 5月/May：源自邁亞（Maia），她是阿特拉斯的女兒，荷米斯的母親。

★ 6月/June：源自朱諾（Juno，即赫拉）。

★ 7月/July：為向尤利烏斯·凱撒（Julius Caesar）大帝致敬，而將7月改叫July。

★ 8月/August：源自奧古斯都（Augustus）大帝，凱撒的繼承者。

★ 9月～12月（September、October、November、December）：古羅馬時期的第七至第十個月（這種用法一直延續到凱撒時代）。

★ 1月/January：從凱撒時代起（西元前46年）成為每年的第一個月，詞源來自雙面神雅努斯（Janus，一面看著過去，一面看著未來）。

★ 2月/February：源自拉丁文februare（潔淨）；古羅馬亦於二月舉行救贖祭祀「fébruales」來追悼死者。

希臘悲劇

拉斐爾《帕那蘇斯山》（局部）*The Parnassus*｜1510｜梵蒂岡博物館｜義大利羅馬
從左至右依次為：愛拉脫、烏拉尼亞、泰麗兒、尤特碧、阿波羅、克麗歐、卡莉歐碧、特普西可兒、波麗海姆妮雅和梅爾波曼。

泰坦神族與次要神祇

奧林帕斯山上的十二主神可謂神界 VIP，他們分掌土地、海洋和冥府，相比之下，泰坦神族的地位被其子嗣取代後，就退而成了次要神祇。身為天神與地神之子的這群泰坦神族，本來也都安守本分，但宇宙第一神的泰坦巨人克羅納斯卻唯恐孩子造反，他吞下自己剛出生的孩子，以防將來被他們推翻統治……可惜，他犯了一個錯誤：他竟讓宙斯逃脫此劫！在這一章，我們還會認識那些圍繞在奧林帕斯主神周圍，擁有特權進入神界的其他男神和女神。總之，他們算是神界的半個 VIP 吧。

艾若斯
Eros
愛神與創造力之神

艾若斯／丘比特射出的金箭，將點燃眾神與世人心中的情欲。

愛德華·圖杜茲《艾若斯和阿芙羅黛蒂》 *Eros and Aphrodite*｜1872｜雷恩美術館｜法國雷恩
愛情是盲目的：被蒙住雙眼的艾若斯，「引導」著女神阿芙羅黛蒂。他們乘著貝殼懸浮空中（令人聯想到維納斯的誕生），被如雲般的藍色群蝶托舉著。

背著箭袋的機靈鬼

艾若斯是美神阿芙羅黛蒂和戰神阿瑞斯的兒子。謹慎的宙斯預感到他的出生將會帶來災難，於是強迫他的母親拋棄他。然而，阿芙羅黛蒂把她的兒子藏進森林，期待宙斯有朝一日改變主意。這個小傢伙躲過了宙斯的扼殺，他製箭習射，技藝超群，當阿芙羅黛蒂把他帶往奧林帕斯山時，他已經成為一名厲害的弓箭手了。這個調皮鬼熱衷偷竊眾神的武器，包括他父親阿瑞斯的……愛神讓戰神繳械了（＃只要做愛不要戰爭）！

小小孩？年輕人？

阿芙羅黛蒂很擔心艾若斯，倒不是為他的教養：儘管他調皮搗蛋，最愛隨意射金箭讓人墜入愛河，有時還故意蒙住雙眼（愛情是盲目的！），抑或帶著火炬開逛，點燃人心（＃縱火狂）。不不不，並非這些，而是他始終是個無法長大的小小孩。他的母親去請教正義女神，得知唯有弟弟的出生才能終結艾若斯的生長停滯。於是阿芙羅黛蒂懷上了相愛之神安特愛若斯（Anteros，字面意義即「艾若斯（愛）的回歸」），這下艾若斯終於長大了。太有象徵意味啦！

多情艾若斯

當艾若斯從小小孩變成年輕人時……他自己也墜入了愛河。這可不是隨隨便便的愛！艾若斯曾為他的母親完成多項任務，但卻在一次任務發生意外：賽姬是一位國王的女兒，因為她太漂亮，人們都把她當女神崇拜。身為美麗之神的阿芙羅黛蒂妒火中燒，命艾若斯出手，讓賽姬愛上世間最卑劣的俗人……但就在射箭之時，艾若斯被自己的金箭弄傷了，他的箭曾勾起無數人的愛欲，如今自己也第一次嘗到了它的滋味！

＃危險遊戲
（危險動作請勿模仿）

有人要跟我玩嗎？

「愛」與「靈魂」締結婚姻

艾若斯為愛瘋狂，他劫走賽姬，將她祕密安置在一座華麗宮殿裡。他每晚都來與她幽會，並請她永遠不要問他的真實身分。賽姬非常愛慕他，但又忍不住好奇。有一晚，她點燃燭光，親眼見到這位光彩照人的神祇……艾若斯被驚醒，然後憤怒地離開了。絕望中的賽姬做了自己能做的一切，只為重新喚回他的愛。終於，深深迷戀她的艾若斯原諒了她並娶她為妻。宙斯賜予賽姬永生及一對精美的蝶翅，以此作為結婚禮物。艾若斯和賽姬（Psyche，象徵「靈魂」）此後育有一女，就是歡愉的象徵赫多奈！

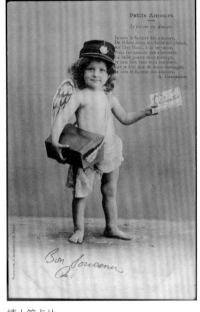

羅馬名：丘比特 Cupid
詞源：愛欲
父親：阿瑞斯（或荷米斯）
母親：阿芙羅黛蒂
妻子：賽姬

卡諾瓦《被丘比特吻醒的賽姬》 *Psyche Revived by Cupid's Kiss* | 1787–1793 | 羅浮宮 | 法國巴黎
卡諾瓦在此探索了阿芙羅黛蒂復仇的神話主題。阿芙羅黛蒂因賽姬見到自己兒子的臉龐而懲罰她，讓她經受一系列考驗，其中之一便是讓她陷入長眠。心懷憐憫的艾若斯前往解救，一個吻，讓她從魔法昏睡中甦醒（＃睡美人）。

遇見艾若斯

卡拉瓦喬《愛能征服一切》 *Amor Vincit Omnia* | 1602 | 柏林國家博物館 | 德國柏林
不尋常的黑色翅膀，象徵著禿鷲，抑或愛情的殘忍？

色情

艾若斯 / Eros既是愛神，又是欲望之神，他的箭具欲望屬性，能讓中箭之人產生佔有欲。這便是為什麼提到「eroticism」（色情）一詞，更多地讓人聯想到性欲，而非柏拉圖式的愛情！與之相反，其羅馬名丘比特 / Cupid，倒是好好保留了原味：意指「讓一對愛侶締結良緣的人」。

在希臘是年輕人，在羅馬是小小孩

多虧相愛之神安特愛若斯，愛神艾若斯才長大成人，希臘人有好好記住這點，不過羅馬人似乎常常忽略。在羅馬畫家筆下，艾若斯就是個永遠調皮的孩子；希臘人則有好好融入他弟弟在神話中的設定，而將艾若斯塑造成年輕男子的形象。

情人節卡片

情人節

把情人節當作丘比特 / 艾若斯的節日再合適不過。在希臘泰斯庇斯城（Thespies），有個由來已久、相當於情人節的節日，專門用來紀念這位愛神。這個「被愛之人的節日」每五年舉行一次，由於丘比特最初較被視為是男同性戀之神，所以在節日那天，人們會先公開向自己心儀的年輕男子獻上一隻公雞（而非花束），然後再讓他成為自己的情人！

情人節禮物清單！

☑ 紅玫瑰
酒心巧克力

☑
公雞

☑
艾菲爾鐵塔精美鑰匙圈

波瑟芬妮
Persephone
春季回歸的冥府女神

黛美特的女兒波瑟芬妮嬌弱貞潔，卻不幸被想娶其為妻的叔叔黑帝斯擄走。
她成了冥界女王，每過半年，她又會重返大地（＃長假）！

水仙花，惡之花

波瑟芬妮是宙斯和黛美特聖潔的女兒，
她祕密地生活在西西里島。一天，她和
女伴採花時，見到了一株水仙花，她走
過去，伸手想要觸碰花朵，忽然大地顫
動，一分為二。她的叔叔、冥府之神黑

地獄之門

帝斯駕著那輛黑
馬牽拉的金色座
駕，從深淵裡衝
了出來，儘管她
哭喊著反抗，還
是被黑帝斯擄走
了。他為娶波瑟
芬妮，把她拖入
地下，土地很快
便重新合攏。

是我丈夫，也是我父母的親兄弟（＃八點檔？）

可憐的波瑟芬妮完全不想留在凄冷的冥
府，更不想嫁給她那陰險的叔叔。她整日
悲傷哭泣，與此同時，她那作為農耕與豐
收女神的母親在大地之上苦苦尋找她。
哀傷無比的黛美特令萬物枯萎，飢荒降
臨人間。當她得知是自己的弟弟黑帝斯
擄走了女兒，便去請求宙斯幫忙，把波瑟
芬妮帶回來……這讓宙斯陷入了兩難境
地，因為他並不想惹惱自己的哥哥！

宙斯的裁決

由於黛美特罷工（＃像工會一樣），宙
斯目睹人類即將死於飢荒的慘狀，他作
出讓步，命令黑帝斯把波瑟芬妮送回奧
林帕斯山。但黑帝斯在同意前，已巧妙
讓姪女吞下六顆石榴種子。一旦吃了冥
府的食物，就得永遠留在冥府。如此一
來，宙斯就沒法再讓波瑟芬妮回到她母
親身邊了。眾神之王為此作了裁決，這
位少婦每年有六個月必須留在地下，另
外六個月則回到黛美特身邊。從此以
後，每年波瑟芬妮回歸之時，黛美特光
耀大地，春天也隨之重回人間。

萊頓《波瑟芬妮的回歸》 *The Return of Persephone* | 1891 | 里茲美術館 | 英國里茲
神杖在手的荷米斯在冥府逗留後，將波瑟芬妮帶回黛美特身邊。宙斯的裁決的確讓波
瑟芬妮每年有六個月能回來與母親團聚，每當此時，春天也得以重臨人間。

春季
罷工季！

羅馬名：普洛瑟菲娜 Proserpina
綽號：科萊（Kore，希臘語「少女」之意）
父親：宙斯
母親：黛美特
丈夫：黑帝斯

冥后沒那麼惡毒

波瑟芬妮最終不得已接受強加給她的冥后身分（當然，她只做「半工」）。在藝術作品中，她坐在丈夫寶座旁，通常被描繪成手持一把火炬，或者手握一枝罌粟花，罌粟花的催眠功效，正象徵大自然一年一度的沉睡。後來，波瑟芬妮也表現得如她丈夫一樣，嚴厲又堅強。

弗朗索瓦·德·諾姆《冥府景象》（局部）*Hell*｜1622｜美術與考古博物館｜法國貝桑松

貝尼尼的傳世傑作

《擄走普洛瑟菲娜》（普洛瑟菲娜是波瑟芬妮的羅馬名）是貝尼尼的雕塑作品，創作於 1622 年，當時他年僅二十三歲。這件作品的寫實功力令人驚愕不已：我們看到冥府之神的雙手嵌入波瑟芬妮柔軟的肌膚……黑帝斯的捲曲鬍鬚被波瑟芬妮反抗的手掌撥亂，動態的刻畫十分自然，讓人感到他的鬍鬚彷彿隨時會被扯下。純粹的天才之作。

貝尼尼《擄走普洛瑟菲娜》（局部）*The Rape of Proserpina*｜1622｜博爾蓋塞美術館｜義大利羅馬

華卓斯基姐妹《駭客任務：重裝上陣》*The Matrix Reloaded*｜2003
莫妮卡·貝魯奇飾演的地獄俱樂部女王波瑟芬妮，是向希臘神話致敬。

《駭客任務：重裝上陣》

在現象級電影《駭客任務：重裝上陣》中，波瑟芬妮是失落靈魂守護者梅若賓基恩（得名於中世紀法蘭克王國的第一個王朝 Merovingian／梅羅文加）的妻子，電影中梅若賓基恩相當於黑帝斯，在地獄俱樂部裡君臨而坐。莫妮卡·貝魯奇飾演的波瑟芬妮在婚姻中痛苦不堪，她似乎厭倦了自己的冥后角色，所以，她私下讓男主角尼歐逃走，但作為交換，他必須親吻自己！

冥府地圖

「冥府」一詞有多重含義，古希臘時代的「冥府」，一方面包括了地獄，如同我們今天對地獄的想像（請看插圖中被火焰牆圈出的那塊，即「塔爾塔羅斯」），但另一方面也包括了天堂，在那個時代，被稱作「香榭麗舍」，位於獨眼巨人之牆後面，這是專為英雄和品德高尚之人準備的，他們可以享受死後永久的安息。為了進入波瑟芬妮與黑帝斯的王國，人們需要付錢給阿刻戎河（即「苦惱河」，圍繞地獄的冥河）上的擺渡人卡戎，否則就需要等上一百年才能渡河……（也就是說，在此之前人們是永生的。＃不是很著急啦！）

歡迎

冥府入口

忘川

夢境出口

靈魂再生出口

象牙門　角門

塔爾塔羅斯

鐵塔

獨眼巨人之牆

香榭麗舍

卡戎

實心鋼柱

黑帝斯與波瑟芬妮的宮殿

阿刻戎河

塞伯拉斯

夭折的孩子們

無辜受難之人

烈士

自殺者

淚田

冥河

阿斯克勒庇俄斯
Asclepius

醫藥之神

阿斯克勒庇俄斯（他的羅馬名阿伊斯古拉普斯更為人熟知）是一位非常有愛心的醫藥之神，最後卻在痛苦中死去。
他因讓不少死者復生，觸怒了神祇，被宙斯用閃電擊死。所幸他再生為遊蛇，成了一位神祇……

《醫神阿斯克勒庇俄斯》 *Statue of Asclepius*｜西元 2 世紀｜艾米塔吉博物館｜俄羅斯聖彼得堡
阿斯克勒庇俄斯與其象徵物遊蛇相伴，他被宙斯劈死後便化身成這種動物。

從火葬中誕生

阿斯克勒庇俄斯的母親是美麗的公主埃格勒，因為她美貌驚人，人們贈她綽號「科洛尼斯」（Coronis，小嘴烏鴉〔Corvus corone〕之意，這種鳥彼時仍是漂亮的白色小鳥）。她雖然是阿波羅鍾愛的情人，但她卻背叛神祇，愛上了一個凡人。阿波羅最寵愛的白色小嘴烏鴉發現了姦情，向他揭發了科洛尼斯。阿波羅用箭射死了這個無恥之女。當他意識到科洛尼斯已懷上自己的孩子時，她已死在火葬柴堆上，他最終把孩子從死者肚裡和火焰中拽了出來。

被人馬紀戎撫養長大

阿波羅對自己在盛怒之下殺害孩子母親一事萬分悔恨，於是決定讓阿斯克勒庇俄斯投身產婦分娩的事業，並慷慨將他提升至醫藥之神的位置。為此，他把這個孩子交由人馬族中最受敬仰且智慧博學的紀戎撫養，好讓他得到最為完善的教育。

被宙斯劈死

某天，雅典娜交給阿斯克勒庇俄斯兩個小玻璃瓶，裡面裝著梅杜莎的鮮血：一瓶可以奪人性命，另外一瓶則能讓人起死回生。阿斯克勒庇俄斯用後者救回好幾條性命，都是些善良的凡人或英雄，比如翟修斯的兒子希波呂特斯。他甚至敢把兩名剛被宙斯殺死的英雄救活，惹得這位眾神之神大怒，於是他果斷乾脆地用閃電擊殺阿斯克勒庇俄斯。阿斯克勒庇俄斯也因此從凡人之身變成了天上的蛇夫座，同時也重獲新生成了遊蛇。

紅藥丸還是藍藥丸，尼歐！
呃，我是說……
阿斯克勒庇俄斯！

聖蛇與羅馬鼠疫

在阿斯克勒庇俄斯的神殿中，病人們會得到治癒，也有一些沒有毒液的蛇會在神殿內自由爬行。西元前 291 年，羅馬城瘟疫蔓延，人們於是派使者前來阿斯克勒庇俄斯的主殿埃皮達魯斯尋找他。當使者們到達神殿受到引見，阿斯克勒庇俄斯的聖蛇便開始獨自站立行走，一直跟隨他們上船，然後直抵羅馬，結果瘟疫很快就消失了……

Go！
朝羅馬出發！
一公里步行，
真辛苦！真辛苦！

羅馬名：阿伊斯古拉普斯
Aesculapius
父親：阿波羅
母親：凡人科洛尼斯，希臘
色薩利地區拉比泰王的女兒

遇見阿斯克勒庇俄斯

埃皮達魯斯古劇場

阿斯克勒庇俄斯擅長用夢境療法醫治病人，他的神殿座落於埃皮達魯斯。朝聖者們從希臘各地趕來，就為了得到這位神祇（和他的醫生們！）的救治。如今，埃皮達魯斯壯觀的古劇場不僅聞名遐邇，甚至還被其他眾多劇場視作典範：人們在此舉行阿斯克勒庇俄斯慶典，用戲劇競賽的方式向這位醫神致敬。此地絕對值得一遊！

雅典

埃皮達魯斯劇場

希臘的埃皮達魯斯古劇場

各種蛇杖象徵

阿斯克勒庇俄斯的蛇杖（一柄普通權杖上纏著一條遊蛇）已經被眾多醫學機構用作 logo，特別是世界衛生組織 WHO。可別把它與荷米斯的神杖（上面纏著兩條蛇）或是其女健康女神許癸厄亞的標誌（一條蛇盤在一隻高腳杯上）搞混了！

WHO 的 logo

「潛伏期」一詞由來

阿斯克勒庇俄斯把 incubation（潛伏期）一詞保留在醫學領域，但今人已遺忘該詞的起源：在希臘時代，該詞意味著「夢境療法」。實際上患者們如果想得到救治，必須來到這位醫藥之神的神殿中，平躺在一張動物的皮上進入夢鄉。如果他們夢到了這位神祇，尤其是夢見神祇觸碰他們身體的傷痛部位，他們就會痊癒。如夢似幻！

埃呦！
我渾身難受啊。

#來吧
#香檳乾杯
#靈魂樂情歌大師貝瑞・懷特歌曲

伊瑞絲
Iris

如彩虹般美麗清新的女神伊瑞絲，身分和荷米斯相當，也是眾神（尤其是赫拉）的信使。
除此之外，她還有一個特徵，就是所行之處，身後會留下一道絢爛彩虹，這也讓人們知曉了她的行蹤……

梵谷《鳶尾花》 Irises｜1889｜蓋蒂博物館｜美國洛杉磯

模範員工

伊瑞絲是特別惹人喜愛的一位女神，果真如此，她甚至讓暴躁的赫拉也喜歡她！這是何等的才華！她實際上是眾神的信使，也是赫拉的心腹。伊瑞絲甚至為她準備洗澡水，伺候她梳洗！她極為盡職盡責，日夜守在主人寶座旁，絕不放任自己休息，甚至不肯解下腰帶或脫掉鞋子，只為能隨時待命。模範員工！

本月最佳員工

伊瑞絲　伊瑞絲　伊瑞絲

花之少女的彩虹之影

伊瑞絲不光具備讓赫拉喜歡自己的天賦（荷米斯可從來沒這本事），也得到了所有人賞識，因為她時時準備在關鍵時刻機智地為眾神服務。比如說，當阿基里斯要為好友帕特羅克斯舉行火葬，卻為火焰無法熊熊燃燒而哀慟時，她就請求西風之神齊菲兒及時送來西風。不僅如此，伊瑞絲所經之處總會留下一道彩虹，彷若天地間的一座橋梁，那是她羽翼的顏色。

伊瑞絲的瓶子

伊瑞絲的形象經常伴隨一只瓶子出現：當眾神起了紛爭，伊瑞絲便會受命前往冥府，以一只金盃舀回冥河之水，眾神便以這可怕的無法違逆的冥河之水，「以冥河起誓」做出裁決。伊瑞絲有時也會以瓶中香水為赫拉淨身。她總是忠心耿耿完成工作，包括赫拉交給她的那些不義的復仇任務，例如在西西里島燒毀阿伊尼斯的艦船。只有少數幾次，她違背過赫拉旨意，比如，她放過麗朵，令其誕下阿波羅和阿特蜜斯。

神祇的香水

偷來的神杖？

與荷米斯一樣，伊瑞絲也是眾神信使，他們的象徵物都是一柄帶翅膀的神杖，極易辨識。但我們也忍不住去想，她這根神杖打哪來的？荷米斯的神杖是阿波羅贈予的，但伊瑞絲的卻來歷不明。也許她就跟荷米斯一樣是個慣竊？

小偷！

你才小偷！

小偷！

你才小偷！

羅馬名：伊瑞絲 Iris
詞源：彩虹
綽號：永生神的信使
父親：陶瑪斯，人馬
母親：伊蕾特拉，海洋仙女

遇見伊瑞絲

眼睛

對於每個個體，甚至每隻眼睛來說，虹膜（iris）的形態花樣都是獨一無二的！事實上，它們並非取決於我們的基因（至少不僅如此），而是取決於我們的經歷，這就意味著即使是孿生兄弟，也會有不一樣的眼睛——這也意味著將人眼用作生物辨識是可行的！是否鑑於虹膜顏色的無窮多樣性，我們才用彩虹女神的名字 Iris／伊瑞絲命名呢？

花卉

美麗的伊瑞絲將她的名字獻給了美麗的紫色花卉鳶尾花（iris）。紫色和彩虹女神之間有什麼關聯嗎？實際上，並非所有的鳶尾花都是紫色的，甚至可以說這種花幾乎包含了所有顏色。鮮為人知的是，其實百合花才是這種花的代表花！是的，「百合花」其實也是一種鳶尾花……

救難小福星

伊瑞絲為所有神祇服務，當眾神駕著戰車返回奧林帕斯山時，是伊瑞絲為他們的戰馬卸下套具，為他們獻上仙餚。當阿芙羅黛蒂被狄奧梅德斯傷害時，也是伊瑞絲把她從混戰中帶出，助她登上自己駕來的阿瑞斯戰車（＃救星）。

蓋翰《莫斐斯和伊瑞絲》 *Morpheus and Iris*｜1811｜艾米塔吉博物館｜俄羅斯聖彼得堡
夢神莫斐斯會將夢兆帶給眾人，而他卻在自己的睡眠中夢見了眾神信使伊瑞絲。畫作中，顯然眾神向他傳遞了一則帶有情色意味的訊息，因為伊瑞絲是伴著艾若斯一同前來的……

普羅米修斯
Prometheus

泰坦巨人，聖火盜取者

普羅米修斯是泰坦神族中最受尊敬的巨人。普羅米修斯即「先見之明者」之意，從中可看出他的地位。
他是為人類造福者，即使在與眾神的對抗中，也永遠站在人類這邊。是他為人類帶來火種，也帶來了文明。
他的形象，隱喻著為獲取知識所進行的一系列反叛。

保羅・曼希普《普羅米修斯》 *Prometheus* │ 1934 │ 洛克菲勒中心 │ 美國紐約
雕像後面的花崗岩牆面上，刻著艾斯奇勒斯的一句話：「普羅米修斯，所有藝術的大師，他帶
來火種，為世人謀求了最大的贈禮。」此話不假。

羅馬名：普羅米修斯 Prometheus
詞源：先見之人
父親：泰坦族的伊亞匹特士，
　　　天空和大地之神之子
母親：克里夢妮，泰坦族大洋
　　　女神俄刻阿諾斯之女

父母相同，智商有別

起初，在用泥巴和火創造凡間生靈時，宙斯要求泰坦巨人伊比米修斯為每樣造物賦予一項天賦。宙斯的這項決定犯了一個嚴重錯誤，因為伊比米修斯與他哥哥普羅米修斯有著天壤之別，他絕對不聰明！他們的名字也反映他們自身的智商。伊比米修斯（Epimetheus）意指「事後思考者」，普羅米修斯（Prometheus）意指「先見之明者」。

奧林帕斯山的聖火

泰坦巨人伊比米修斯接到任務後非常興奮，他想都沒想就開始給各個物種隨意分配天賦：飛行、水下呼吸、力量、速度、利爪，這些都被分出去了⋯⋯當輪到最後一個物種人類時，已經不剩任何天賦可選了。唉！為了彌補弟弟犯下的錯誤，英勇的普羅米修斯決定從神祇那盜取奧林帕斯聖火和一些生活本領，好讓人類通過技能彌補他們身體上的缺陷⋯⋯瀆神者！宙斯發怒了⋯⋯

施了詭計的祭品

為平息宙斯怒火，普羅米修斯向他展示這樣做的好處：人類會把動物作為祭品獻給眾神。但這些祭品究竟哪部分歸人類，哪部分該送給眾神呢？機智的普羅米修斯於是宰殺了一頭公牛作為祭品，並分成並不均等的兩份：一份都是牛骨頭，上面覆蓋著香氣撲鼻的肥肉；另一份是牛肉，但掩蓋在髒牛皮下面，毫無誘人香氣。眾神之王掉入了普羅米修斯設置的行銷陷阱，選擇牛骨頭那份。從那以後，多虧普羅米修斯，人們才可以吃到祭品中最好的那份，而眾神只能享受飄過來的香氣！

這盆臭東西是誰
送來的？

普羅米修斯受罰

宙斯被普羅米修斯使出的一系列花招激怒，決定狠狠懲罰他。他被鎖鏈縛住，永久鎖在高加索山頂，每天早上都有一隻老鷹飛來啄食他的肝臟，而到了夜裡他的肝臟會重新生長。某天，海力克斯在執行他的十二項任務時路過此地，看到了普羅米修斯，他同情這位善良的泰坦巨人，於是打斷他身上的鎖鏈。儘管如此，普羅米修斯還是決定永久保留鎖鏈上的一個圓環作為戒指，上面還鑲嵌著一塊高加索山的石頭。這樣一來，宙斯也沒法怪他沒有接受懲罰！普羅米修斯真是絕頂聰明。

普羅米修斯還創造了手指虎！

高加索

就是這裡！普羅米修斯被鎖鏈束縛於此山！

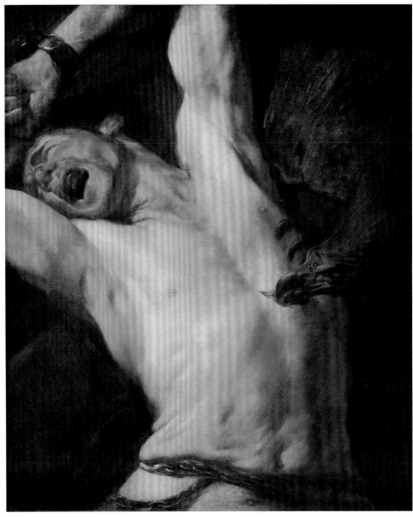

阿塞雷托《普羅米修斯的酷刑》 *The Torture of Prometheus*｜17 世紀｜查爾特勒博物館｜法國杜埃

遇見普羅米修斯

會尖叫的大理石

普羅米修斯遭受永恆酷刑，由此引發的恐怖感為眾多藝術創作提供靈感，特別是油畫。它們或令人驚恐萬分，如魯本斯的作品；抑或非常多葛式，如莫羅的作品。但它們都被羅浮宮那件由亞當雕塑的《被縛的普羅米修斯》打敗。在這件作品中，大理石似乎有了生命，老鷹似乎正拍著翅膀，我們彷彿能聽到普羅米修斯的吼叫（幸好，三十年後海克力斯來了！）。

從柏拉圖到《科學怪人》

普羅米修斯的神話顯然別有深意，它隱喻著為獲取知識所進行的反叛，以及為點亮人類而需做的犧牲，乃至最終極

亞當《被縛的普羅米修斯》 *Prometheus Bound*｜1762｜羅浮宮｜法國巴黎
大理石彷若有了生命！

的獻身。在柏拉圖的《普羅泰戈拉篇》（*Protagoras*）中，主角普羅米修斯使人類趨近於神；而瑪麗·雪萊《科學怪人》（*Frankenstein*）的副書名即為「現代普羅米修斯」……

「普羅米修斯式」

試圖讓人類趨近於神便是在挑戰神，因為對這些擁有絕對權力的神來說，人類本應是次等存在。在這樣的挑戰中，有著非常正面的意義（自我超越、進取），同時也具負面意義（如亞當和夏娃的故事）。形容詞「promethean／普羅米修斯式」，則更多保留其中的正面意義，展現出一種巨大而艱辛的、敢於擺脫束縛的努力。

克羅納斯
Cronus

泰坦巨人，世界第一位主宰者

克羅納斯被羅馬人稱作薩頓，是個惡名昭彰的神祇。

作為宙斯和奧林帕斯山初代幾位神祇的父親，他為避免地位被取代，竟吃掉了自己的孩子們。

魯本斯《農神吞噬其子》 *Saturn Devouring His Son* | 1636–1638 | 普拉多美術館 | 西班牙馬德里
這幅畫作如此驚悚駭人，與神話中的描述不太一樣：克羅納斯應是一口吞掉自己的孩子們，這樣他之後才能將他們完整吐出！

與母親勾結

克羅納斯的母親是大地之神蓋亞，她後來再也無法忍受丈夫天空之神烏拉諾斯了。到底怎麼回事？每晚，烏拉諾斯都強行與蓋亞結合，還把孩子們囚禁在她腹中（＃保護欲太強）。於是，蓋亞交給最小的兒子克羅納斯一把鐮刀，讓他在哥哥們的幫助下割掉他父親的生殖器。就這樣，克羅納斯把烏拉諾斯閹割了，天空之神痛苦地慘叫著，逃離了大地之神，而蓋亞的孩子們也被救了出來。

古代食人魔

得益於這次狡猾的切除術，克羅納斯攫取了父親的空缺王位，與哥哥們一起開始了新的統治。深受打擊的烏拉諾斯向兒子們發下詛咒，稱他們為「泰坦人」，意指「（將他生殖器割掉的）切割者」。烏拉諾斯還警告克羅納斯未來將遭到報復，將遭到相同命運，被自己的孩子奪去王位。於是，多疑的克羅納斯決定……把自己所有的後代都吞進肚中。斬草除根！他的妻子瑞亞，同時也是他的妹妹，任由他把前五個孩子吞了進去。

世界之臍

當宙斯寶寶出生時，瑞亞決定把他從父親的魔掌中救出。她用一塊包裹成襁褓的石頭替代宙斯，克羅納斯吞下石頭，並沒有察覺這一騙局。宙斯偷偷活了下來，直到長大成人，娶了謹慎女神墨提斯。後來他送給父親克羅納斯一瓶催吐劑，克羅納斯喝下後，把他的孩子們完好無損地吐了出來，甚至還吐出了那塊曾經代替他的石頭（這塊石頭從此成了希臘人的「世界之臍」，被留在了德爾斐島上！）。宙斯把父親趕走後立即登上王位，與他的兩個兄弟一起分享了世界的統治權。

偽裝術等級0

黃金時代

克羅納斯被奪去王位後，便到雙面神雅努斯那裡避難，雅努斯也很喜歡他。雖然他會幹出吃掉自己孩子這種事，但他統治期間也的確是一段黃金時代，那時眾生和睦，人人平等。為紀念這段美好時光，雅努斯創造了農神節，即每年 12 月 16 日。在羅馬，節日這天，奴隸與主人一樣平等，所有勞動也都被取消啦！

#一日好友

羅馬名：薩頓 Saturn
詞源：貪食者
綽號：心思狡詐之神
父親：烏拉諾斯，天空之神
母親：蓋亞，大地之神

遇見克羅納斯

哥雅的驚世畫作

在表現克羅納斯的作品中，最著名也最恐怖的大概要數馬德里普拉多美術館的哥雅畫作。我們從中可以看到可怕的巨人薩頓（克羅納斯的羅馬名）正咬著一隻胳膊，吞食一具無頭的人類身體。呃呃！同樣在普拉多美術館，魯本斯的相關主題作品雖然知名度略低，但畫面同樣駭人：年老的薩頓撕咬著一個慘叫中的孩子的肉身！太恐怖了。這使得薩頓的名字聽起來總是那麼可憎。

哥雅《農神吞噬其子》 *Saturn Devouring His Son*｜1820–1823｜普拉多美術館｜西班牙馬德里
此版本堪稱恐怖之最！

土星雞尾酒
Saturn Cocktail

克羅納斯加冰

宇宙和占星學

由於哥雅和魯本斯等畫家的相關題材畫作，薩頓這個人物單憑名字就讓人不寒而慄。因此，人們以他的名字來命名那顆帶有冰環的陰森行星，也就不奇怪了！此外，在占星學中，一個人的星盤最好不要落在土星上升相位……深信占星術的詩人魏爾倫，就將他的《憂鬱詩篇》（*Poèmes saturniens*, 法文中 saturniens 既有「土星」亦有「神經衰弱」之意）題獻給了薩頓。好憂鬱！

農神節

星相凶險不祥的土星使人精神萎靡（順帶一提，法語中「精神萎靡」寫作「plombe le moral」，而「鉛中毒 / saturnisme」〔源自「土星 / Saturne」一詞〕這種疾病，就是因為人體攝入過量的「鉛 / plomb」引起的：這樣一切就說得通了！）。但星相學中的土星與我們遠古時代的這位神祇截然不同。他終年熟睡，人們只在冬至這天將他喚醒，他的雕像（綁著頭帶，農神節時再拆除）象徵著節慶和好日子的重新到來，甚至今日的聖誕節就由這個日子演變而來！

巴齊耶《保羅·魏爾倫肖像》 *Portrait of Paul Verlaine*｜1868｜達拉斯藝術博物館｜美國達拉斯
在這幅畫作完成的前兩年，魏爾倫剛出版他的第一部詩集《憂鬱詩篇》，整部詩集都瀰漫著抑鬱之氣。

阿特拉斯
Atlas

頂住蒼穹的泰坦巨人

阿特拉斯在泰坦巨人中極為知名。我們知道他在直布羅陀海峽附近，
身負肩擎蒼穹這項沉重使命，然而他並沒有海克力斯機靈……

李・勞瑞《阿特拉斯》*Atlas*｜1936｜洛克菲勒中心｜美國紐約
雕像高 14 公尺，阿特拉斯扛舉渾天儀，這座球環標示了北極星的位置。作家蘭德就從這座雕像汲取靈感，創作了 20 世紀美國文學最有影響力的作品之一《阿特拉斯聳聳肩》（*Atlas Shrugged*），書中大肆鼓吹利己主義（據說這本書也是川普的枕邊書，巧不巧！）。

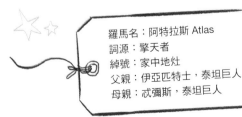

羅馬名：阿特拉斯 Atlas
詞源：擎天者
綽號：家中地灶
父親：伊亞匹特士，泰坦巨人
母親：忒彌斯，泰坦巨人

泰坦之戰

阿特拉斯是泰坦十二大神（六個男神和六個女神）中某一位的兒子，這十二大神都是大地之神蓋亞和天空之神烏拉諾斯的孩子。所以從輩分來看，他是宙斯父親克羅納斯的侄子。當他的堂兄弟們企圖推翻他們父親的統治時，他卻站到了他叔叔克羅納斯這邊。這場泰坦神族和眾神之間的戰爭被稱為「泰坦之戰」。不幸的是，泰坦神族被打敗了，而宙斯因阿特拉斯曾攻擊自己，於是責罰他永生永世肩擎蒼穹……我要是早知會如此，才不會加入戰鬥呢！

欸不是……
我要永遠扛著這東東？

擎天者也是說謊者

海克力斯為完成任務，來到赫斯珀里得斯仙女們的花園尋找金蘋果，這些仙女都是阿特拉斯的女兒。阿特拉斯答應說可以幫他找到金蘋果，只要他能替自己扛一會兒蒼穹。天真的海克力斯輕信他的話，替他扛起蒼穹。結果阿特拉斯很快就承認自己說謊，他根本就沒打算兌現諾言。他甚至壞到家，當著這位半神的面摘下金蘋果，還和仙女們一起嘲笑他。不酷！

加倍奉還

海克力斯假裝屈服，卻謊稱自己還沒站穩，請求阿特拉斯幫個小忙，讓他能更穩地將蒼穹放在肩膀。沒想到這位泰坦巨人比先前的海克力斯還天真，竟接受了請求。就在阿特拉斯剛觸到天球的一剎那，啊哈，海克力斯立刻讓天球滑進他的手裡……然後馬上走掉，臨走前還不忘撿走阿特拉斯留在地上的金蘋果……笑到最後的人才是笑得最甜的啊！

被石化成一座巨山

而柏修斯打敗梅杜莎後，歸途中曾路過阿特拉斯的國土。顯然，阿特拉斯擔心他女兒們的金蘋果再被宙斯的哪個英雄兒子搶走，於是粗暴地將柏修斯拒於門外。如此對待一位希臘人，簡直是重罪！憤怒的柏修斯抓起梅杜莎的頭顱……阿特拉斯瞬間被石化。今日，巨人的身影依然可見，他被化為一座山峰，留在他一直看守的直布羅陀海峽要塞！

遇見阿特拉斯

地理學

16 世紀的地理學家傑拉杜斯・麥卡托（麥卡托投影法的創造者）的地圖集就以這位泰坦神命名。這是史上第一次納入美洲區塊、並呈現地圓的全球地圖（他命名了新大陸！）。為什麼以阿特拉斯命名？因為作為蒼穹的承載者，理應對天地知之甚詳！自此以後，Atlas / 阿特拉斯一詞就用來指稱「地圖集」。

建築中的男像柱

你是否見過如圓柱般支撐著柱頂楣構的女性塑像？或許你知道它們在建築學被稱作「caryatids / 女像柱」，但你不一定知道與之對等的男性塑像被稱作「atlantes / 男像柱」。為什麼？因為他們承擔著沉重負荷，當然，就像 Atlas / 阿特拉斯一樣！

脊椎

當你肩上扛重物時，你觀察過頸部如何運作的嗎？現在猜猜頸椎的第一節叫什麼：承重最大的那一節。是的，它就叫……「Atlas / 寰椎」，合乎邏輯。

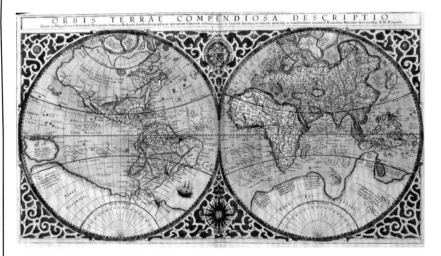

麥卡托所著地圖集中的地圖｜1595
因封面繪有 Atlas / 阿特拉斯，此後地圖集就被稱為「atlas」。

金蘋果

你可別以為故事中的「金蘋果」就是我們現實生活中的黃蘋果！事實上，它很可能指的是生長在地中海西岸的柳丁，其金色的表皮讓希臘人著迷。柑橘類水果中有一品種就叫「Hesperides / 赫斯珀里得斯」！然而，有些專家指出，「金蘋果」也可能是指木瓜，因為木瓜中有一品種就叫「金蘋果」（#角逐中）！

萊頓《赫斯珀里得斯的花園》 *The Garden of the Hesperides*｜1891–1892｜李維夫人美術畫廊｜英國利物浦

繆思
Muses

代表九門藝術的九位女神

在日常用語中,繆思是指藝術家們的靈感源泉。的確,這九位美麗、貞潔、永生的姐妹在藝術作品中,
常以圍成一圈跳舞的形式出現,她們隱喻著天賦與神奇才能的結合,並負責將其傳給世人……

馬滕・德・沃斯《阿波羅與繆思們》 Apollo and the Muses｜16 世紀｜比利時皇家美術博物館｜比利時布魯塞爾

起源

繆思女神姐妹九人,是宙斯與記憶女神
敏莫絲妮共度九個良宵後生下的孩子,
而「敏莫絲妮 / Mnemosyne」就是「記
憶 / memory」一詞的起源。雖然是宙
斯與敏莫絲妮的女兒,但這些繆思女神
總是陪伴在極富藝術天賦的光明之神阿
波羅左右。她們居住山中,有時在赫利
孔山,有時在帕納索斯山。每當她們
遇見一個男人,就會把自己的天賦賜予
他……這男人便會因此成為一位偉大藝
術家!這傢伙可真走運。

記憶女神的女兒們

要想記住所有繆思女神的名字還真不容
易!這倒挺諷刺的,因為她們的母親就
是記憶女神。其中幾位的名字相對好記
一些:

I 烏拉尼亞 Urania:意即「天空」,天
文女神。她的名字會讓人想起天空之神
烏拉諾斯。

II 克麗歐 Clio:意即「著名的」(這是
真的,多虧著名的雷諾 Clio 車系),歷
史女神。所謂歷史,就是那些值得被記
錄的事件。法國大學出版社 PUF 就以
「Nouvelle Clio」(新克麗歐)作為書

系名稱,出版了一系列歷史書。

III 特普西可兒 Terpsichore:意即「歡
快地舞蹈」,作為一名舞蹈女神,合乎
邏輯。

IV 卡莉歐碧 Calliope:意即「美妙的
嗓音」,史詩女神。她賦予了荷馬靈
感,同時她也是奧菲斯的母親(奧菲斯
擁有最動聽的歌喉)。

V 波麗海姆妮雅 Polyhymnia:意即
「幾支頌歌」,修辭女神。這很正常,
所謂修辭即要求掌握多種不同的表達方
式。

羅馬名：繆思 Muses
詞源：山峰（她們居住的地方）
父親：宙斯
母親：敏莫絲妮

藝術領域

以九位繆思女神為主題的藝術作品實在太多了，由於她們各有象徵物，比如泰麗兒的喜劇面具、梅爾波曼的悲劇面具，所以她們總是很容易分辨。但如果面對這幅收藏在奧賽美術館的莫里斯·丹尼斯畫作，你會發現要分辨她們實在比想像中難！許多繆思女神的象徵物都太相似，有些甚至沒有象徵物！

丹尼斯《繆思女神》 The Muses｜1893｜奧賽美術館｜法國巴黎

博物館

你可能已在心中產生疑問了，「博物館 / museum」一詞是如何產生的？沒錯，它純粹是由藝術之神繆思女神（Muses）的神殿和居所（mouseion）演變而來的。第一座「博物館」出現在埃及亞歷山大港（著名的亞歷山大圖書館就在其中）。繆思是給人靈感的女神，「博物館」的創立初衷，就是提供詩人和學者工作場所。

從蒙帕納斯大樓上拍攝的巴黎蒙帕納斯大道

VI 泰麗兒 Thalia：意即「繁榮的、歡樂的」，作為喜劇女神理所應當。你可能會想到連接巴黎和布魯塞爾的 Thalys 大力士高速列車，嗯，在比利時那個經常鬧笑話的國家，用女神為列車命名不失為一種記憶法！

如果你還能想起最後三位繆思女神的名字，她們的母親記憶女神一定會為你驕傲的。

VII 愛拉脫 Erato：哀歌女神和情詩女神。她的名字也太好記了吧，erato = erotic（色情的）。

VIII 尤特碧 Euterpe：音樂女神。名字意為「非常歡快」（和她姐姐特普西可兒有著相同字根），因為音樂是會令所有人都非常歡快的藝術形式！

IX 梅爾波曼 Melpomene：悲劇女神。為什麼？「梅爾波」可是「歌唱」的意思欸！這是因為在古希臘時代，最初的悲劇就是一些為酒神戴奧尼索斯而唱的抒情歌曲！它們被稱作「dithyramb / 酒神讚歌」，法語的「dithyrambique」一詞便來源於此，即「歌功頌德之人」！

法國蒙帕納斯

繆思女神們住在帕納索斯山（Mount Parnassus），瞧，這座希臘山峰的名字是不是讓你想起什麼？很正常，因為在 1700 年左右，巴黎南部的一堆石灰渣曾被人戲稱為「蒙帕納斯」（mont Parnasse，法語帕納索斯山之意），彷彿這麼一叫，這些殘渣就有了詩意似的。後來這種叫法被保留下來，直到 19 世紀末，一幫詩人在此喊出了「為藝術而藝術」的口號，以 Parnasse 為名的詩派「高蹈派」（Parnassiens）誕生了！

輪你來玩！請找出每個頭像所對應的繆思女神。

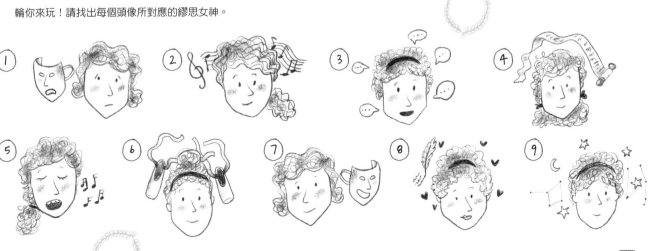

希雷米 – 赫希《維納斯的誕生》 *The Birth of Venus* │ 1893 │ 提貝蒙畫廊 │ 法國巴黎

被愛之人

希臘神話中有大量愛情故事，尤其是關於宙斯的，在他永不止息的生命裡充滿了與凡人間的各種香艷情事。有個笑話說，人們可以把宙斯的人生總結成一句話：「不幸的是，宙斯又戀愛了。」這句話用在他的兩個孩子阿波羅和阿特蜜斯身上，也同樣適用！

然而，即使某些情事是悲劇的，甚至是殘酷的，也為我們留下了一些最美的神話故事，比如，歐洲大陸（Europe）的名字，便來源於宙斯的一段愛情故事！

羅馬名：達娜葉 Danaë
父親：阿克瑞希斯，阿果斯王
母親：尤瑞迪絲，阿果斯王后
子嗣：柏修斯

達娜葉
Danaë

柏修斯的母親

達娜葉是斯巴達公主，她曾被宙斯勾引。宙斯為了接近她，將自己幻化成一種不尋常的形態：黃金雨！

黃金家族

美麗的達娜葉是阿果斯王阿克瑞希斯的女兒，卻被她父親囚禁在一座銅塔（或地窖）中，並用青銅大門鎖住，由高大的牧羊犬看守。這緣於他曾收到一則神諭：未來他將被自己孫子所殺。國王絕不希望預言成真，因此他必須確保女兒永保處女之身……但他千算萬算沒算到宙斯的淫念，宙斯愛上了這位貞女，並幻化成黃金雨侵入她的囚牢，與她交歡。

達娜葉被鎖入箱中

阿克瑞希斯發現，雖然自己實施了種種預防措施，女兒還是懷孕了。怒火中燒的他故技重施，把他們母子倆鎖入箱中，沉入大海。然而，箱子漂流至塞里福斯島時，達娜葉被一位漁夫救起。這位漁夫是當地國王的哥哥，他協助達娜葉養育兒子——半神柏修斯。有一天，國王看到達娜葉，馬上愛上了她。此時柏修斯已長大成人，國王便派他去殺掉蛇髮女妖戈爾貢，想藉機趕走他，然後逼達娜葉嫁給自己。

克林姆《達娜葉》Danaë｜1907–1908｜伍爾特畫廊｜奧地利維也納
「我愛黃金，你卻不信。」

3、2、1……
接好啊！

歐拉吉歐・真蒂萊希《達娜葉》Danaë｜1623｜克里夫蘭藝術博物館｜美國克里夫蘭

遇見達娜葉

金幣雨

歐洲各大美術館都能看到關於達娜葉的畫作。克林姆的表達太耽於肉欲，但其他人的創作又太平庸。以提香或是真蒂萊希對此主題的古典主義表達為例，其中的「黃金雨」被畫成了「金幣雨」，感覺達娜葉就要被這些金幣砸中臉龐了，3、2、1……（＃接好啊）。

比貞女還貞女

與真蒂萊希相反，慣於畫聖母像的小淘氣馬布斯生動描繪出一個不一樣的達娜葉。她帶著一臉無所謂的表情，分開雙腿，讓黃金雨隨意落入。除了假正經的神態，畫中的她還身穿一件藍色長袍，傳統上那應是聖母瑪利亞的專用服飾。在 1527 年，這種表現方式還真大膽（＃馬布斯太皮啦！）。

愛奧
Io

母牛愛人

愛奧本是赫拉的女祭司，但她並沒好好履行職責，因為她做了赫拉丈夫宙斯的情人……
為了避免被捉姦，宙斯還將她變成母牛。

輕飄飄的愛

年輕貌美的愛奧曾在赫拉位於阿果斯的神殿裡擔任女祭司。有一天，她被宙斯注意到了。為勾引她，又要不被他那善妒的老婆發現，宙斯一如既往展開他強大的想像力，化身成了……雲！這位宙斯可真有本事，太有本事了，是不是？然而，赫拉比他更勝一籌，因為她還是認出了他。她注意到大晴天裡烏雲匯聚，混濁昏暗……她靠近，撥開雲霧，在裡面看見了……

母牛愛人

赫拉看到宙斯雲團之下，藏著一頭漂亮的白色小母牛。宙斯為打消他暴躁妻子的猜忌，已在匆忙間將愛奧變身。白費力氣。多疑的赫拉決定密切監視這頭可疑的小母牛……很快她就注意到，有一頭漂亮的公牛頻繁去看牠。她馬上命自己最得力的看守人阿古士‧潘諾普忒斯（百眼巨人／全視者）阻止公牛靠近。

牛？
宙斯是不是
在耍我？

柯雷吉歐《朱比特和愛奧》 *Jupiter and Io* | 1530 | 藝術史博物館 | 奧地利維也納
宙斯幻影式的形象是通過雲霧展現出來的，這也賦予此畫解讀的雙重可能：第一眼，我們只看到一名單獨女性；再細看，就會看到還有一個情人緊緊擁抱著她。

阿古士正看著你

宙斯不知如何是好，因為阿古士有一百隻眼，睡覺時只閉上五十隻眼。日日夜夜，宙斯根本沒法逃過他的監視。見不到情人的他無比難過，於是派自己狡猾的兒子荷米斯去殺掉阿古士。荷米斯給百眼巨人講了一個長長的故事，還吹起自己那傳說中的長笛催眠他，終於讓阿古士沉入深眠。巨人剛閉上他的一百隻眼，荷米斯便砍下他的頭。赫拉知道後無比傷心，於是把這位忠誠衛士的眼睛裝在她最愛的孔雀羽毛上。時至今日，雀屏上的百眼依然安在！

派牛虻叮咬她？

為報復愛奧，赫拉派出一隻牛虻不停叮咬她。可憐的小母牛驚恐萬分，倉皇逃竄，她穿越海洋、群山、陸地，甚至遇見被縛在高加索山上的普羅米修斯，得到他給的啟示。啟示說終有一天她會恢復人形，並且會成為某位大英雄（海克力斯）的始祖，普羅米修斯也將因這位英雄的到來重獲自由。最後，愛奧抵達埃及，由於宙斯的愛與撫慰，她的內心平靜下來，重新變回了人形。

羅馬名：愛奧 Io
詞源：一望無際
父親：英納庫斯，河神、
　　　阿果斯王
母親：梅莉亞

遇見愛奧

巴比倫的伊絲塔城門

在古埃及的傳說時期，愛奧等同古敘利亞女神伊絲塔。事實上，古埃及與古敘利亞時期的神話故事，共同反映了古希臘與東方之間存在的諸多交流，而異域的諸神們，皆被與希臘諸神等同視之！

母牛游過博斯普魯斯海峽

在艾斯奇勒斯的《普羅米修斯》（*Prometheus*）中，愛奧（Io）把名字留給了愛奧尼亞海（Ionian），此外，博斯普魯斯海峽（Bosporus，意為「母牛涉水而過之地」）一詞也來自愛奧，她為了去亞洲，曾游泳渡過這個海峽。抵達埃及後，她懷上了宙斯的兒子厄帕福斯。她被這個國家視為女神伊西斯，厄帕福斯則被稱作阿匹斯神。好國際化的母子檔啊！

博斯普魯斯海峽航海圖

麗姐
Leda

海倫、波魯克斯、卡斯托和克萊婷的母親

麗姐是斯巴達王后，同時也是宙斯鍾情的一位凡間女子，為引誘她，宙斯別出心裁變成了天鵝……
她同時懷上了兩對雙胞胎：她丈夫的和宙斯的。真是多產！

與天鵝的交歡

宙斯看見斯巴達的美麗王后麗姐在一條河中沐浴，瞬間便愛上了她（這位宙斯真是朝三暮四）！為引誘她，滿肚花花腸子的宙斯略施小計，他變成天鵝，假裝正被一隻鷹獵殺（其實那鷹就是阿芙羅黛蒂，他求她幫了個忙！）。麗姐心懷憐憫，把這隻可憐的天鵝攬入懷中，就在此時，宙斯一不做二不休，立即抓住機會與她交歡，甚至都還沒來得及恢復真身（＃我是一個急性子的神）！

開心……

如何？
開心嗎？

產金蛋的母雞？

於是，麗姐懷了宙斯的孩子。但身為國王廷達瑞斯的妻子，她在當天早些時候已和丈夫親熱了一場。也就是說，在同一天，她同時懷上兩個愛人的孩子！這些情事讓她最後誕下了兩枚金蛋，每一枚裡都有一對兄妹：哥哥卡斯托和妹妹克萊婷，還有哥哥波魯克斯和妹妹海倫（引發特洛伊戰爭的女人）。後一對是宙斯的孩子，所以被當作半神撫養長大，但波魯克斯與他同母異父的哥哥卡斯托感情親密，不願分離，於是他要求兩人每隔一天，就要交換一次不朽之身！

羅馬名：麗姐 Leda
父親：忒斯提俄斯，普列隆王，
　　　位於埃托利亞
母親：歐律忒彌斯
丈夫：廷達瑞斯，斯巴達王

達利《原子的麗姐》 *Leda Atomica*｜1949｜加拉–薩爾瓦多·達利基金會｜西班牙菲格雷斯
加拉作為達利的妻子和繆思，在此擺出姿態，化身麗姐，這是畫家在「核神祕主義」創作時期的代表作。

遇見麗姐

《原子的麗姐》

Leda／麗姐不僅是那個帶有天鵝 logo 的衛浴品牌，同時也是達利一幅著名畫作的主題，他畫下他一生最摯愛的加拉，並聲明：「《原子的麗姐》是描繪生命的關鍵之作，一切都懸浮於空間之中，互不碰觸。海水自行升起，遠離土地。」

歐羅芭
Europa
歐洲大陸之母

羅馬名：歐羅芭 Europa
詞源：日落西方
父親：阿革諾耳，泰爾王
丈夫：阿斯忒里翁，
　　　克里特島王

作為被宙斯征服的眾多知名情人的其中一位，歐羅芭公主將她的名字賦予了歐洲大陸（**Europe**）。
不過歐羅芭並非歐洲人，而是黎巴嫩人⋯⋯事實就是如此！

兩塊大陸之夢

某天早上，美麗的腓尼基（如今的黎巴嫩）公主歐羅芭醒來，回憶昨夜的怪夢。她夢見兩塊大陸化身成兩名魅力男子，為了誰能抓到她的手而搏鬥。歐羅芭的父親是偉大的阿革諾耳，統治著泰爾城，所以她對亞洲大陸的中東地區有著根深蒂固的感情。隨後，歐羅芭聳聳肩，和她的朋友們一同去海邊散步、採摘野花去了。

騎牛跨海

歐羅芭正在採摘野花，忽然看見一頭漂亮公牛。她被公牛吸引，於是將一個花環套上牠的脖子。這頭牛看起來很友善，歐羅芭忽然想爬上牠的背。她讓自己那些興奮不已的朋友一起陪著她。但公牛顯然只對她一人感興趣，等她爬上去，公牛突然載著歐羅芭奔跑起來，很快甩掉了其他人。它奔進海中，不停地游，橫越整座海洋⋯⋯

瓦茨《歐羅芭》*Europa*｜1870–1894｜沃克美術館｜英國利物浦

宙斯化身白牛

宙斯原本安安靜靜地在雲端飛行，經過黎巴嫩西頓市上空時，他看見這位美麗公主，並立即愛上了她（說真的，他也太容易動心了吧），他決定即刻降落凡間引誘她，但冰冷的現實之手攔住了他。如果妻子赫拉發現一切，一定會狠狠報復。所以謹慎起見，宙斯變成一頭漂亮的白色公牛，這頭牛的牛角如新月，額上還炫耀似地戴有一枚銀環⋯⋯

#偽裝成功

梧桐長青

宙斯化身的公牛最終抵達了克里特島海岸。在那裡，他躲在一棵美麗茂盛的梧桐樹下安穩地恢復了真身，絲毫沒被赫拉發現，而歐羅芭也接受了他的誘惑⋯⋯此後，每回宙斯來與她私會，都會施法讓梧桐樹枝繁葉茂，即使是在冬季！他的詭計得逞，赫拉一無所知，歐羅芭也為這位眾神之神生下了三個美麗孩子。但她後來被宙斯拋棄，為求安慰，他嫁給克里特島王阿斯忒里翁。國王收養了她的孩子們，並把王冠賜予其中一個，他就是後來著名的克里特島王：米諾斯（不過在他與公牛遭遇的故事裡，可就沒歐羅芭走運了，見p152）。

圭多・雷尼《誘拐歐羅芭》 *The Rape of Europa*｜1637–1639｜倫敦國家畫廊｜英國倫敦

遇見歐羅芭

5 歐元、10 歐元、20 歐元

歐羅芭是歐洲人的財富。打開你的錢包，拿出一張 5 歐元、10 歐元或 20 歐元的紙鈔，在全息防偽處就能看到她的頭像。應該說，這是你唯一能看到的頭像，2013 年起發行的新版紙鈔還印有她的名字！「啊，歐羅芭，我喜歡將你凝視，尤其喜歡凝視紙幣上的你。」

在政治語境中

關於誘拐歐羅芭的故事，有多種藝術性解讀，亦能轉移到政治語境中。在法國史特拉斯堡的歐洲議會大廈前，立有一座克里特島捐贈的青銅合金雕塑。這座雕塑完成度之低，恰好落入那些歐盟懷疑論者的口實，他們藉此表達對這一機構、尤其當今歐洲一團糟局面的厭惡。克里特島還真是送了份微妙的禮物。

歐里昂
Orion

維奧蒂亞獵人，天生力大無窮又充滿活力的美男子

歐里昂是阿特蜜斯唯一的情人，同時也是世間最俊美、最偉大的獵人。難怪他能成功擄獲
這位對情愛向來充滿敵意的女神芳心！而且，還不只她一個呢……

尿出來的男孩

歐里昂的出生方式在整個神話中都算是獨一無二的：他的「父親」許利歐斯統治著許利亞城，年邁鰥居，同時他也是波賽頓的兒子之一。有一天，這位國王招待他的海神父親、宙斯叔叔，還有堂兄荷米斯一起吃飯。三位神祇看他孤身一人沒有子嗣，為感激這頓盛宴，就把剛吃過的那頭牛的牛皮拿來，在上頭撒了幾泡尿，然後囑咐許利歐斯將其埋入地下九個月……就這樣，歐里昂 / Orion（發音恰巧接近英文的「尿 / urine」）誕生了！

里德《歐里昂》 *Orion* | 1975 | 私人收藏

我愛你
爸爸

比綠巨人更高大

歐里昂可算是「土著」（autochthon），因為他是從大地之中（Khthon）自行孕育而出的。但這位巨人太高大，當他走進海底，肩膀還露在海面之上。當他走在陸地，他的頭穿梭在雲朵中。他能徒手開鑿港口，也是陸地上最出色的獵人。為能娶到希俄斯公主梅若碧，他根據希俄斯國王的要求，幫助希俄斯島擺脫野獸侵襲。然而，當任務完成時，國王卻違背承諾，不肯把女兒嫁給他……

羅馬名：歐里昂 Orion
詞源：尿（你沒聽錯！）
父親：宙斯、波賽頓和荷米斯的尿
母親：從大地之中自行孕育而出，
也就是「土著」

被挖去雙眼

受辱的歐里昂喝得大醉，然後把梅若碧從她閨房中綁走了。國王為替女兒復仇，又讓歐里昂喝下更多酒，當他醉倒時，國王命人挖去他的雙眼。給你個教訓！失明的歐里昂衝進大海，佔領了利姆諾斯島，後來又來到獨眼巨人的鍛造場，借來一名孩子放在肩頭充當嚮導。最後，他遵從神諭走向東方（orient），雙眼也重見光明，這還多虧了鍾情於他的黎明女神厄俄斯（奧羅拉），她從東方升起，治癒了他的眼睛。

失明了？
買一個獨眼巨人小孩
幫你指路！

阿特蜜斯唯一愛過的男人

歐里昂擁有狩獵天賦，這一點和狩獵女神阿特蜜斯一樣，雖然這位女神一直對男人無感，但卻意外愛上歐里昂……她哥哥阿波羅很生氣，覺得她一時被愛情沖昏頭，便派出一隻蠍子刺殺歐里昂。為了躲避追殺，歐里昂遠遠地躲進海中。阿波羅假裝質疑妹妹的射箭能力，指著海洋中一個勉強可見的黑點，讓她試射。箭飛馳而去……結果正中歐里昂腦袋。阿特蜜斯悲痛萬分，於是把歐里昂化成獵戶座 / Orion，並讓他的獵犬天狼星 / Sirius 與其相伴！

遇見歐里昂

獵戶座

獵戶座 / Orion 是非常有名的星座，夏夜裡當天蠍座 / Scorpius 顯現時，獵戶座便會退隱。事實上，即使在宇宙中，這兩個星團也處在相反位置，彷彿歐里昂 / Orion 永遠都在躲避那隻阿波羅派來追殺他的惡毒蠍子 / scorpion！

獵戶座

《哈利波特》中的天狼星・布萊克

《哈利波特》中有一條大黑狗令哈利非常害怕……不過他後來意識到那是自己的教父天狼星・布萊克。天狼星這名字正源自歐里昂的獵犬，因此天狼星的化獸師能力是變成一隻大黑狗，也就不奇怪了！更妙的是：書中天狼星父親的名字是……獵戶星！

黛芬妮
Daphne

阿特蜜斯的侍女，月桂樹的化身

黛芬妮是阿特蜜斯的侍女，阿波羅愛上了她，但這份愛卻受到艾若斯詛咒，永遠得不到回報……
最後只能以一齣悲劇收場（黛芬妮變成了月桂樹）。

女主人的弟弟想追我

黛芬妮是阿特蜜斯的侍女，和充滿野性的狩獵女神一樣，黛芬妮也拒絕結婚……但她的美貌吸引到阿特蜜斯的弟弟阿波羅。一位名叫柳西樸的求愛者曾偽裝成女性成功接近黛芬妮，並向她做了自我介紹。阿波羅非常嫉妒，決定讓這個求愛者深陷窘境，他建議女神們一起赤裸著身子到泉水中洗澡。當然囉，偽裝成女性的柳西樸當場拒絕，於是柳西樸的騙局被拆穿，貞女們非常生氣，直接打死了他。

那傢伙惹到我了
我也是
殺了他？
好

金箭和鉛箭

就在那時，艾若斯嫉妒阿波羅在射藝上勝過自己，於是向阿波羅射出一支金箭，讓他愛上黛芬妮。緊接著，他又向黛芬妮射出一支鉛箭，讓她對阿波羅的愛無動於衷……就這樣，阿波羅白白獻了殷勤！他陷入愛的癡狂中，終於有一天抓住了黛芬妮。她四處祈求幫助。後來不知是宙斯、或她父親，抑或是蓋亞出手，總之她迅即化作一棵月桂樹（希臘語「Daphne／黛芬妮」即「月桂樹」之意）。羞愧難當的阿波羅最後只能折下一根樹枝，裝飾自己的里拉琴和箭袋，並將月桂樹指定為自己的聖樹。

提也波洛《阿波羅和黛芬妮》*Apollo and Daphne*｜1743–1744｜羅浮宮｜法國巴黎
阿波羅想要抓住黛芬妮時，把她嚇壞了。她請求宙斯把自己變成月桂樹，好擺脫掉阿波羅的糾纏。不過請注意，此時阿波羅的頭頂已戴上了他的象徵物——月桂冠。然而這並不符合邏輯，因為他是在黛芬妮的悲劇發生後才得到它！

遇見黛芬妮

月桂冠

為紀念黛芬妮，阿波羅此後便在頭上戴著一頂月桂冠。後來，在致敬阿波羅的匹松神競技會上，獲勝的希臘詩人們也佩戴著相同的象徵物。這一傳統一直延續至亞歷山大帝，然後又傳到羅馬人那裡，他們把月桂冠當作至高無上的榮譽獻給各領域的優勝者（法國漫畫《高盧英雄歷險記：凱撒的桂冠》〔*Asterix and the Laurel Wreath*〕中，阿斯泰利克斯和歐胖從凱撒頭頂偷走的那頂除外）。這一象徵影響甚鉅，後來羅馬皇帝也沿用了該象徵！到了中世紀，表現出眾的詩人和學者們會獲得騎士頭銜「baccalauréat」（拉丁語為「baccalaureatus」，bacca 即「漿果」，laureatus 即「覆著月桂葉」。另一詞源解釋見 p35）。

羅馬名：黛芬妮 Daphne
詞源：月桂樹
父親：潘紐士
母親：寧芙仙女
（自然幻化的女精靈）

好啦好啦，阿波羅已經走了，可不可以把我變回人形啊？

赫伯・德雷珀《尤利西斯和賽蓮女妖》（局部）Ulysses and the Sirens │ 1909 │費倫斯美術館│英國赫爾
請注意，海妖在選角上有一點小瑕疵，這裡的海妖顯然取材自北歐神話（有魚尾），而非希臘神話（鳥的身形）。無論如何，水手們的
耳朵都一樣被塞好包好，以免聽到她們的優美歌聲！

英雄史詩

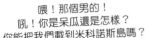

喂！那個男的！
吼！你是呆瓜還是怎樣？
你能把我們載到米科諾斯島嗎？

喂！聽得到嗎？

每到夜晚，古希臘人雖然沒有電視可以追劇，但卻擁有吟遊詩人，這些詩人擅長歌詠那些深受愛戴的半神與英雄的事跡。吟遊詩人坐在守夜爐火旁，以樂器伴奏，在他們收集到的眾多受歡迎的主題裡，搜索著他們的獨家記憶，講出精彩故事，比如特洛伊戰爭。聽眾們或許會要求聽海克力斯完成十二項任務的後續，可能也迫不及待想知道尤利西斯究竟如何完成奧德賽之旅……接下來登場的，就是如同今日漫威、DC 主角般的超級英雄們！

海克力斯
Hercules

古希臘時期最受崇敬的英雄

希臘人習慣稱海克力斯為赫拉克勒斯，他被希臘人視為最偉大的英雄。

他享有盛譽、功勳卓著，而且奇怪的是，他還是個反英雄式的人物。雖然他性格粗暴，卻又充滿智慧、惹人憐憫。

英雄後代

海克力斯成為最偉大的希臘英雄並非偶然。他的父親宙斯想送給人類一位能保護他們的半神，就選擇了美麗的阿柯美娜作為孩子的母親，因為她繼承了柏修斯的「雙份血統」（她父親和外公是兄弟，都是柏修斯的兒子）。阿柯美娜當時已嫁人，宙斯為進入她的閨房，隱藏身分，偽裝成她的丈夫安菲崔翁。他讓太陽連續三天不准升起，就此度過了一個漫……長……的愛之夜。真淘氣。

他是「赫拉的榮耀」

阿柯美娜臨盆時，興奮難耐的宙斯便宣稱，這孩子將在降生之日成為希臘人的國王。赫拉嫉妒這個私生子，遂設法拖延海克力斯的出生，同時加快自己侄子歐律斯透斯的降生，這樣一來，歐律斯透斯便能繼承王位。女神覺得仍不保險，又派出兩條蛇企圖殺死搖籃中的海克力斯。但是這個新生兒已然擁有大力神般的力氣，他抓住蛇並掐死了牠們……

一位反英雄式的英雄

年輕的海克力斯強壯又粗暴，沒有完成多少創舉，倒是幹了不少蠢事。比如，他曾抄起凳子打死他的音樂老師，只因老師用里拉琴打了他（現在的世道啊……老師保重！）。還有更惡劣的，他割下了厄耳癸諾斯國王使節的鼻子和耳朵，只因這個國王向他好友克瑞翁國王支取了一年的貢賦，以給自己打造……一條項鍊。超爛！克瑞翁很高興海克力斯為他出氣，於是將女兒墨伽拉許配給他，而海克力斯則命厄耳癸諾斯此後每年繳納雙倍貢賦！

魯本斯《海克力斯大戰涅墨亞獅子》 *Hercules and the Nemean lion* | 1615 | 私人收藏

（放開我，我快不能呼吸啦！）

赫拉的反擊

海克力斯愛上了墨伽拉，並和她擁有四個美麗的孩子，他也因此變得溫和明理。但赫拉心懷恨意，仍不肯放過他，使出了恐怖的手段折磨他，令其發瘋。發瘋的海克力斯不僅把自己的孩子們當作怪物殺死，還殺掉了試圖保護孩子的妻子……驚慌失措的海克力斯再也不配擁有宙斯兒子的名號了，甚至不配做人！他去見已取代他成為國王的堂兄弟歐律斯透斯，祈求自我淨化，彌補殺人的罪過。誰知一直嫉恨他的歐律斯透斯，卻趁機要求他完成十項（後來成了十二項）不可能的任務，並親自評判它們是否被正確執行！

女人你們有福了，我單身，沒小孩！

> 希臘名：赫拉克勒斯 Heracles
> 詞源：赫拉的榮耀
> 綽號：馬齊斯特（Maciste，「最偉大、最強壯」之意）
> 父親：宙斯
> 母親：阿柯美娜

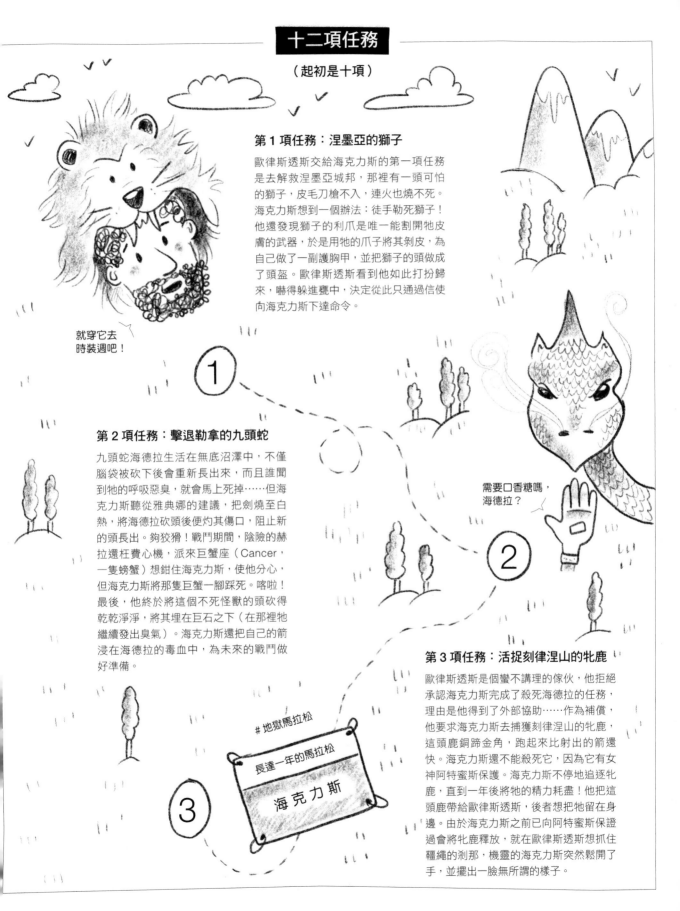

十二項任務

（起初是十項）

第 1 項任務：涅墨亞的獅子

歐律斯透斯交給海克力斯的第一項任務是去解救涅墨亞城邦，那裡有一頭可怕的獅子，皮毛刀槍不入，連火也燒不死。海克力斯想到一個辦法：徒手勒死獅子！他還發現獅子的利爪是唯一能割開牠皮膚的武器，於是用牠的爪子將其剝皮，為自己做了一副護胸甲，並把獅子的頭做成了頭盔。歐律斯透斯看到他如此打扮歸來，嚇得躲進甕中，決定從此只通過信使向海克力斯下達命令。

就穿它去時裝週吧！

第 2 項任務：擊退勒拿的九頭蛇

九頭蛇海德拉生活在無底沼澤中，不僅腦袋被砍下後會重新長出來，而且誰聞到牠的呼吸惡臭，就會馬上死掉……但海克力斯聽從雅典娜的建議，把劍燒至白熱，將海德拉砍頭後便灼其傷口，阻止新的頭長出。夠狡猾！戰鬥期間，陰險的赫拉還枉費心機，派來巨蟹座（Cancer，一隻螃蟹）想鉗住海克力斯，使他分心，但海克力斯將那隻巨蟹一腳踩死。喀啦！最後，他終於將這個不死怪獸的頭砍得乾乾淨淨，將其埋在巨石之下（在那裡牠繼續發出臭氣）。海克力斯還把自己的箭浸在海德拉的毒血中，為未來的戰鬥做好準備。

需要口香糖嗎，海德拉？

#地獄馬拉松

長達一年的馬拉松

海克力斯

第 3 項任務：活捉刻律涅山的牝鹿

歐律斯透斯是個蠻不講理的傢伙，他拒絕承認海克力斯完成了殺死海德拉的任務，理由是他得到了外部協助……作為補償，他要求海克力斯去捕獲刻律涅山的牝鹿，這頭鹿銅蹄金角，跑起來比射出的箭還快。海克力斯還不能殺死它，因為它有女神阿特蜜斯保護。海克力斯不停地追逐牝鹿，直到一年後將牠的精力耗盡！他把這頭鹿帶給歐律斯透斯，後者想把牠留在身邊。由於海克力斯之前已向阿特蜜斯保證過會將牝鹿釋放，就在歐律斯透斯想抓住韁繩的剎那，機靈的海克力斯突然鬆開了手，並擺出一臉無所謂的樣子。

第 4 項任務：
活捉厄律曼托斯山的野豬

在海克力斯完成第四項任務的過程中，發生了意外，導致了賢者紀戎的死亡。這位人馬曾是海克力斯的老師，但他膝蓋不幸中箭受傷，而那支箭曾在海德拉的血中浸泡過。劇烈的疼痛使他寧願放棄永生之身也不想再苟活下去！悲傷的海克力斯跑遍厄律曼托斯山，很快便找到他要獵捕的那頭凶殘野豬的蹤跡。他利用一個覆著白雪的坑洞，給野豬設下陷阱，輕而易舉將其活捉帶回。永遠懦弱的歐律斯透斯當然又被嚇到了，一看見海克力斯與他的戰利品，就趕緊躲回他的青銅大甕中。

今天來開烤肉派對吧！

第 5 項任務：
打掃奧革阿斯的牛圈

海克力斯接到的第五項任務是在一天之內將奧革阿斯的牛圈清理乾淨，那裡發出的味道使整個伯羅奔尼撒半島都臭氣熏天。奧革阿斯在牛圈裡養了三千頭牛，三十年來從未打掃過，牛糞甚至已經在地上結成硬殼，布滿整座山谷，甚至阻礙農作生長。聰明的海克力斯改變了兩條河的河道，使河水沖過厚厚的牛糞層，把它們帶向遠方。由於海克力斯胸有成竹，他行動前就和奧革阿斯打賭，如果他贏了，奧革阿斯就要將 10% 的牛送他！不過這一計謀讓海克力斯付出了慘痛代價，不僅歐律斯透斯拒絕承認這項任務，因為他向奧革阿斯收取了酬勞，而且奧革阿斯也拒絕支付賭注，理由是清理牛糞靠的是河水之力，而非他的本事（幾年後海克力斯狠狠地報復了奧革阿斯，並要回他當初不肯給的賭注）！

#牛糞之歌

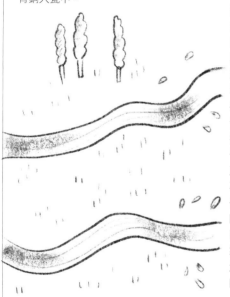

第 6 項任務：
擊退斯廷法利斯湖的鳥

海克力斯的第六項任務是消滅斯廷法利斯湖的食人鳥，這種鳥的喙、爪和翅膀都是青銅做的，羽毛也如利刃一般。這些鳥數量極多，在空中飛行時甚至可以遮天蔽日……海克力斯敲擊劍和盾發出巨響，鳥群嚇得四處飛竄，接著他向鳥群射了一箭，鳥群受驚，開始任由身上的羽刃四射、自相殘殺（#這項任務算是完成了）！

斯廷法利斯湖的鳥

精靈寶可夢
Lv 1000

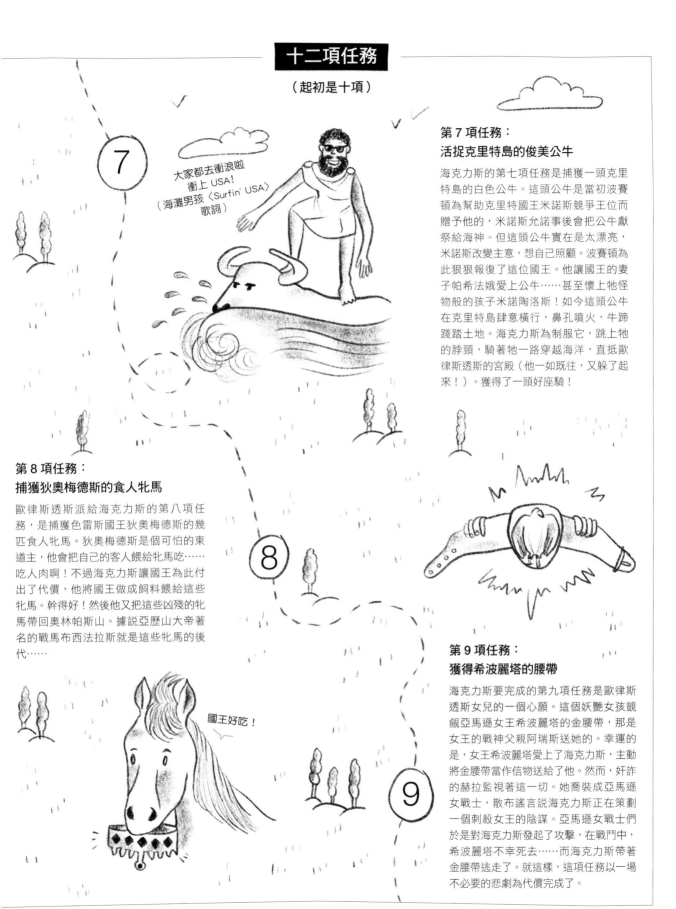

十二項任務

（起初是十項）

大家都去衝浪啦
衝上 USA!
（海灘男孩〈Surfin' USA〉歌詞）

第 7 項任務：
活捉克里特島的俊美公牛

海克力斯的第七項任務是捕獲一頭克里特島的白色公牛。這頭公牛是當初波賽頓為幫助克里特國王米諾斯競爭王位而贈予他的，米諾斯允諾事後會把公牛獻祭給海神。但這頭公牛實在是太漂亮，米諾斯改變主意，想自己照顧。波賽頓為此狠狠報復了這位國王。他讓國王的妻子帕希法娥愛上公牛……甚至懷上她怪物般的孩子米諾陶洛斯！如今這頭公牛在克里特島肆意橫行，鼻孔噴火，牛蹄踐踏土地。海克力斯為制服它，跳上牠的脖頸，騎著牠一路穿越海洋，直抵歐律斯透斯的宮殿（他一如既往，又躲了起來！）。獲得了一頭好座騎！

第 8 項任務：
捕獲狄奧梅德斯的食人牝馬

歐律斯透斯派給海克力斯的第八項任務，是捕獲色雷斯國王狄奧梅德斯的幾匹食人牝馬。狄奧梅德斯是個可怕的東道主，他會把自己的客人餵給牝馬吃……吃人肉啊！不過海克力斯讓國王為此付出了代價，他將國王做成飼料餵給這些牝馬。幹得好！然後他又把這些凶殘的牝馬帶回奧林帕斯山。據說亞歷山大帝著名的戰馬布西法拉斯就是這些牝馬的後代……

國王好吃！

第 9 項任務：
獲得希波麗塔的腰帶

海克力斯要完成的第九項任務是歐律斯透斯女兒的一個心願。這個妖艷女孩覬覦亞馬遜女王希波麗塔的金腰帶，那是女王的戰神父親阿瑞斯送她的。幸運的是，女王希波麗塔愛上了海克力斯，主動將金腰帶當作信物送給了他。然而，奸詐的赫拉監視著這一切。她喬裝成亞馬遜女戰士，散布謠言說海克力斯正在策劃一個刺殺女王的陰謀。亞馬遜女戰士們於是對海克力斯發起了攻擊，在戰鬥中，希波麗塔不幸死去……而海克力斯帶著金腰帶逃走了。就這樣，這項任務以一場不必要的悲劇為代價完成了。

十二項任務

（起初是十項）

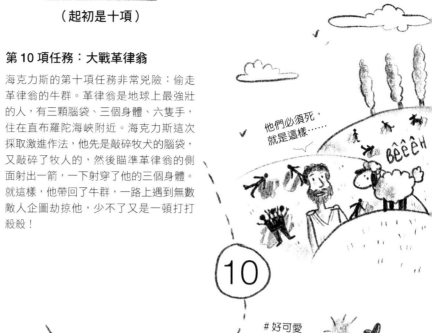

第 10 項任務：大戰革律翁

海克力斯的第十項任務非常兇險：偷走革律翁的牛群。革律翁是地球上最強壯的人，有三顆腦袋、三個身體、六隻手，住在直布羅陀海峽附近。海克力斯這次採取激進作法，他先是敲碎牧犬的腦袋，又敲碎了牧人的，然後瞄準革律翁的側面射出一箭，一下射穿了他的三個身體。就這樣，他帶回了牛群，一路上遇到無數敵人企圖劫掠他，少不了又是一頓打打殺殺！

金蘋果

35,000 € / 公斤

好可愛

第 11 項任務：
摘取赫斯珀里得斯花園的金蘋果

海克力斯的第十一項任務是找到巨人阿特拉斯女兒們的花園，並摘取金蘋果。這座花園名叫赫斯珀里得斯。阿特拉斯承諾他可以幫他摘金蘋果，只要他在自己去摘蘋果的時候幫忙擎一下天空。於是，有點天真的海克力斯頂替了阿特拉斯的位置，結果阿特拉斯剛一鬆手就承認自己說了謊，而海克力斯將永遠扛下這份重擔！卑鄙的傢伙。不僅如此，他還很過分地拿著金蘋果當面嘲弄海克力斯。海克力斯假裝屈從於他，請求他幫忙調整一下蒼穹在肩膀上的位置。好的，阿特拉斯的肩膀剛一伸來，海克力斯就又把蒼穹交還給了這位泰坦巨人，一個比一個幼稚！

第 12 項任務：
活捉地獄犬塞伯拉斯

海克力斯的最後一項任務也是最艱難的一個。事實上，歐律斯透斯一想到他的堂兄即將成功，內心就無比憤怒，他決意孤注一擲，只為讓海克力斯敗下陣來。於是他命海克力斯前往地府，帶回可怕的看門犬塞伯拉斯。塞伯拉斯？那隻三頭怪物？但歐律斯透斯太不走運了，因為海克力斯輕而易舉就完成了任務！他狠狠打了塞伯拉斯一棍，牠即刻縮成了一隻無害的三頭幼犬。海克力斯終於能鬆下一口氣，他把看門犬裝進口袋，帶回給歐律斯透斯，他一如既往被嚇破了膽，只是這一次，他不得不承認自己被打敗了！

你先請

不，你先請

你先請吧，我堅持

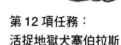

讓人痛心的英雄之死

完成所有這些壯舉後，海克力斯的死就尤為令人痛心。他帶著第三任妻子黛安妮拉穿過一條水勢洶湧的河流時，遇見一位名叫涅索斯的人馬。涅索斯說自己可以幫忙背黛安妮拉過河，可陰險的他卻趁海克力斯過河時企圖強暴她。海克力斯馬上用一支沾了九頭蛇海德拉之血的毒箭射死他。但人馬臨死前仍不忘復仇，他把自己沾著血汙的長衣交給黛安妮拉，謊稱這件長衣可以保證她丈夫對她忠貞。事實上，當黛安妮拉讓海克力斯穿上長衣時，長衣剝去了他的肌膚，而且他再也無法脫掉……劇痛難忍，海克力斯遂決定架起柴堆將自己燒死，而絕望至極的黛安妮拉也隨即上吊自殺……今日，「涅索斯的長衣」（Tunic of Nessus）這一短語依然代表著有毒的禮物！

蘇巴朗《海克力斯之死》 *The Death of Hercules* | 1634 | 普拉多美術館 | 西班牙馬德里

遇見海克力斯

在流行文化中

海克力斯是個別具一格的人物形象，許多作品都著力於詮釋他的英雄傳奇（＃爭奇鬥艷）：例如戈西尼的漫畫《高盧英雄歷險記之十二項任務》（The Twelve Tasks of Asterix）；在漫威漫畫中海克力斯則被塑造成綠巨人浩克的朋友；他甚至還被搬上大銀幕，像是阿諾的《大力神在紐約》（Hercules in New York）或是巨石強森的《海克力士》（Hercules）：其精湛演技廣受認可（或他們其實沒有在演？）！

在空中

在完成任務的過程中，海克力斯表現出強大甚至超凡的能力，因此同樣超凡的飛行家兼商人霍華・休斯決定把自己最震撼的大飛機命名為「H–4 大力神號」（H–4 Hercules）。他可不是說著玩的，時至今日，這架水上飛機的尺度仍是史上之最（高 25 公尺，翼展 98 公尺！）……不過它只飛過一次。

在宇宙中

「是巨人，海克力斯在空中。」在迪士尼動畫《大力士》法文版歌曲〈De Zéro en Héros〉中，繆思女神們如此唱著。還真被她們說中了。星空中第五大星團就命名為「武仙座／Hecules」！還有更厲害的，1935 年，國際天文學聯合會決定為月球表面的隕石坑命名時，我們的英雄也佔有一席之地……而它東面的隕石坑，正好就以那位曾被他愚弄過的老友「阿特拉斯」命名。

《大力神在紐約》拍攝現場，阿諾・史瓦辛格主演 | 1969

H–4 大力神號 | 圖片由 Peter Newark American Pictures 提供 | 私人收藏
它比 Airbus 公司的巨無霸客機 A380 還大 20%！

傑森
Jason

傑森由最睿智的人馬紀戎教育長大，他身邊集結了包括海克力斯在內的五十位勇士，他們被稱作阿果英雄。
傑森作為首領，帶領他們踏上尋找金羊毛的危險之旅。金羊毛來自一隻會飛的山羊，由一條巨龍看守著……

由人馬紀戎帶大

傑森的父母本來統治著色薩利地區的愛奧卡斯城，但他叔叔佩里阿斯（波賽頓與一位仙女之子）篡奪了王位。由於擔心這位叔叔會對傑森下毒手，傑森的父母從他出生起就散布消息，說嬰兒已死在襁褓中，甚至還舉行了喪禮。事實上，他們把兒子送到了最優秀的人馬紀戎那裡，紀戎後來把他培養成一位非常厲害的戰士。當傑森年滿十六歲時，紀戎告訴了他王室後裔的身分……於是，這位年輕人決意回去奪回王位。

掉了一隻鞋與老太婆

就在傑森重返王國的路上，他遇見了赫拉偽裝的老太婆。女神請求他幫自己過河，不知情的傑森於是將她背起，涉水而過，甚至還為此弄丟了一隻鞋子。當他只著一隻鞋，抵達父母從前的王國時，王國正由他的叔叔佩里阿斯統治。他的叔叔早已聽過一則神諭，說會有一位風神後代穿著單隻鞋子前來，置他於死地（＃大危機）。

羅薩《傑森毒死巨龍》 *Jason Poisoning the Dragon* ｜ 17 世紀｜聖路易斯美術館｜美國密蘇里州

大人，您的鞋子掉了

（恐神症患者的日常）

羅馬名：傑森 Jason
詞源：醫治者
父親：埃森，色薩利某城邦之王，風神埃俄羅斯後代
母親：波呂墨得

壞心的叔叔

就跟所有希臘人一樣，國王佩里阿斯也畏懼諸神。但傑森既是客人，又是自己侄子，若在這天（這天剛好是某節日）殺掉他，那在諸神眼中便是犯下三重罪過。殺害家人、違背待客之道、在祝聖節日鬧事，都是禁忌。該死！於是當傑森提出歸還王位的要求時，佩里阿斯假意接受，但狡猾地向他提出了一個不可能完成的任務來作為交換條件：找到金羊毛。金羊毛原本屬於一隻會飛的山羊，牠當初被宙斯派出來執行任務。如今金羊毛掛在一棵樹上，地處遙遠國度，由一條巨龍看守。

獨角獸後面跟著會飛的山羊
＃可愛

阿果航海英雄

你覺得年輕氣盛的傑森會拒絕這個充滿陷阱的任務嗎？絕不可能，他還為此興奮不已！但他夠明智，為自己徵到五十位勇士，這些人都被這項任務的挑戰性和榮譽吸引。他們當中有海克力斯、奧菲斯，還有卡斯托和波魯克斯。緊接著，他命人建起一艘華麗大船，在赫拉暗助下，這艘魔法船具有通話和望遠功能，以便穿越海洋。這艘船被命名為「阿果號」（Argo，「特快」之意）。由於「naut」這一字根有「航海者」之意，所以他們在這趟遠征之旅中，又被稱為「阿果航海英雄」（Argonauts）。單層甲板大帆船一時蔚為風行。

希臘男子天團神話英雄

唐·查菲《傑森王子戰群妖》 Jason and the Argonauts｜陶德·阿姆斯壯主演｜1963

悲劇與漫畫

很多偉大的文學作品都取材自金羊毛的故事。例如法國悲劇之父高乃依就寫過《金羊毛》（La Toison d'or）及衍生作《美狄亞》（Médée）。不少漫畫也有金羊毛的元素：例如 1955 年的唐老鴨漫畫《金羊毛》（The Golden Fleecing）中，唐老鴨的侄子杜兒、路兒跟輝兒就經歷了另類的尋找金羊毛之旅。再如比利時漫畫《丁丁歷險記》（The Adventures of Tintin）1961 年的第一部真人改編電影，就叫作《丁丁與金羊毛號之謎》（Tintin and the Mystery of the Golden Fleece）！

電影與星座

南船座／Argo Navis 的名字就源自傑森的大船（南船座又被劃分成四個小星座：船帆座、船底座、船尾座、羅盤座 #真是實用），不僅如此，2013 年奧斯卡最佳影片《亞果出任務》（Argo）片名也源於此，此片由班·艾佛列克導演，取材自真實故事：1980 年，幾個美國人為救出被扣在伊朗作人質的美國大使館人員，偽裝成加拿大電影人，謊稱正在拍攝一部科幻版的阿果英雄電影……

騎士勳章

在騎士榮譽中，金羊毛騎士團勳章是最為人知和享有盛譽的一種表彰。這一榮譽由勃根地公爵菲利浦三世在 1430 年創立，至今在西班牙仍有保留！自此，每年我們都能看到大貴族們齊聚一堂，項鍊上掛著一枚飾有金羊毛的勳章。後來菲利浦三世的曾孫查理五世又將這一勳章的獲得者確定為五十一人，以此紀念傑森與他的五十位阿果英雄！

凡·奧利《查理五世肖像》 Portrait of Charles V｜1515｜私人收藏
查理五世的項鍊上也飾有金羊毛勳章。

傑森和阿果英雄

顯然如果尋找金羊毛之旅輕而易舉，也就不配享有盛譽。
事實上，此行非常艱難，傑森甚至不得不面臨高乃依式的抉擇：在榮譽和勝利之間作出取捨。

科爾基斯

愛奧卡
斯城

人鳥妖與老國王的餐食

在阿果英雄們成功抵達目的地科爾基斯
之前，他們著實經歷了無數次的冒險奇
遇。比如，他們從人鳥妖哈耳庇厄手中解
救出老國王菲尼斯，這位國王同時也是位
失明的先知。哈耳庇厄是一群散發惡臭
的怪物，每當老國王準備進餐時，牠們就
會飛下來弄臭他的食物。阿果英雄們擊
退了哈耳庇厄，作為回報，菲尼斯告訴他
們博斯普魯斯海峽中有著非常狡滑的巨
石，每當有船隻想冒險通過，岩石就會合
攏，阻礙航行。菲尼斯傳授了英雄們通過
方法。自從阿果號通過海峽以後，岩石就
不再合攏了。感謝阿果英雄！

哼哼哼……

\#博斯普魯斯海峽的敗類

A. C. 麥可《阿果號上的傑森與英雄們》 *Jason
and the Argonauts on the Argo*｜1918｜私人收藏
阿果號從合攏的岩石間衝過海峽。它才剛通過，
岩石就合攏了，只有船尾受到一點損傷。

偉大男人背後的女人

最終，阿果英雄們成功抵達艾厄特斯統
治的科爾基斯島。正如我們想像的那樣，
艾厄特斯根本不願讓傑森帶著金羊毛離
開，但他假意接受，前提是作為交換，英
雄們要先完成兩項不可能的任務：1. 用
兩隻銅足的噴火公牛耕田。2. 將龍牙撒
入田中，然後打敗這群從土裡長出的龍牙
武士。然而，艾厄特斯沒有料到，他女兒
美狄亞愛上了傑森，還指引他完成這些
任務。

香腸準備好啦！

傑森和阿果英雄

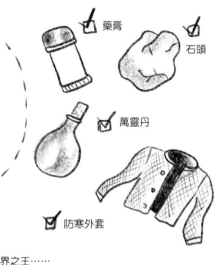

美狄亞一直在幫我 ✗

懂法術的美狄亞給傑森一盒防護藥膏，用以抵擋公牛的烈焰和銅足（實用），更厲害的是，她還送他一塊能引起龍牙武士自相殘殺的石頭。總之，她把所有事全包了！她父親艾厄特斯知道後非常憤怒，拒絕在傑森完成任務後把金羊毛交給他。美狄亞又施法讓負責看守的巨龍沉睡，傑森於是順利在夜裡偷走金羊毛。太能幹了，美狄亞。拿到珍貴的戰利品後，傑森、美狄亞和阿果英雄們一起逃走，艾厄特斯聞訊，立即乘船追趕他們。

沃特豪斯《傑森和美狄亞》 *Jason and Medea* | 1907 | 私人收藏

烈女美狄亞

在海上追逐中，美狄亞顯現了內心的陰暗面。她讓她的弟弟登船，然後將他剁成碎塊，拋入海中，這使她父親陷入了兩難：是要找回兒子遺體還是繼續追趕美狄亞和傑森……國王最後還是作出了更為人性的選擇，他希望能將兒子好好安葬。就這樣，傑森安然無恙回到自己的王國，不過他很快發覺，他的叔叔利用他不在的這段時間殺了他全家。卑鄙的傢伙。這一回又是美狄亞為他打破僵局，她配製了一瓶藥水，把那位邪惡叔叔的肉體燒至沸騰……

我是世界之王……你在看什麼？

我把弟弟切成碎塊了……

永遠別惹美狄亞

美狄亞為幫助傑森脫離困境，不惜一再作惡，而傑森也樂於利用她的手段，還讓她為自己生了三個孩子。但十年後，傑森為一個年輕富有的公主拋棄了她。大笨蛋！美狄亞為向傑森復仇，毫不猶豫殺掉他們的孩子，之後便獨自消失了。最終，傑森的生命迎來了最淒涼的結局：傑森凝望著破敗的阿果號，船首木頭忽然墜落，當場砸死傑森。這真不是英雄該有的死法。

你老婆好像不太爽喔

沒事，沒事

奧菲斯
Orpheus
最偉大的音樂家

作為一個四處旅行的英雄，奧菲斯可能是世界文化史上最著名的音樂家。
人們都說他的歌聲十分悅耳，讓石頭為之哭泣，樹木為之動容，動物為之嘆息……

富格《冥府中的奧菲斯和尤瑞迪絲》*Orpheus and Eurydice in the Underworld*｜19世紀初｜主教宮畫廊｜奧地利薩爾斯堡

阿波羅的七弦里拉琴

奧菲斯本是色雷斯國的年輕王子，但他很快就因自己令人難以置信的美麗歌喉名震整個希臘，他唱出的旋律之美，令世間所有生靈為之沉醉。音樂之神阿波羅聞訊，也親自跑來聆聽，並深深地被他的歌聲震撼，於是他決定把自己最珍愛的樂器贈予奧菲斯，也就是荷米斯小時候打造出的那把七弦里拉琴。奧菲斯的母親繆思九女神之一，為紀念她，便把里拉琴的琴弦增至九根，此後他便與這把琴形影不離。

賽蓮女妖也為其傾倒

作為一位喜歡四處旅行的英雄，奧菲斯加入了傑森尋找金羊毛的冒險。他被任命為阿果號的「划槳手領隊」，也就是說，他需要用歌聲控制划槳手們的動作與節奏。這個職位不重要？才不是，當他們遭遇賽蓮女妖襲擊時，是奧菲斯救了全船人的命。女妖們憑藉歌聲誘惑這些男人，想把他們帶走並吃掉。但奧菲斯歌聲的美妙超越了她們那簡單的旋律。女妖們不僅神魂顛倒，甚至還為了聆聽他的歌唱而互相殘殺，再無進攻之意……

冥府之旅

奧菲斯後來愛上了美麗的山林女仙尤瑞迪絲。然而結婚當日，尤瑞迪絲卻被一條蛇咬死了。悲痛萬分的奧菲斯跑到冥府尋找她，他用自己充滿魔力的音樂將那頭可怕的看門犬塞伯拉斯催眠，終於站到了冷酷的冥府之神黑帝斯面前。黑帝斯聽到他的音樂，渾身發抖打顫。他石頭般的心也一點點軟下來，忽然，他流下了兩行從未有過的清淚：鐵之淚。

免洗手帕

永遠消散的尤瑞迪絲

就這樣，被打動的黑帝斯破例讓奧菲斯帶著他的愛人離開冥府，但神祇提出一個條件：在抵達人間之前，奧菲斯絕不能轉身去看尤瑞迪絲的亡魂。驚慌不安的奧菲斯一路頭也不回走向出口，然而尤瑞迪絲毫無聲息的腳步讓他憂慮：她真的跟在後面嗎？就在即將跨越冥府門檻那一刻，他不確定她是否跟上，他不願一個人離開，於是忍不住朝肩頭的方向瞥了一眼。結果不幸的事發生了！尤瑞迪絲哭泣著化為灰燼，永遠消失。

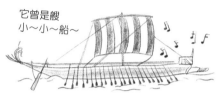

它曾是艘
小～小～船～

遇見奧菲斯

歌劇的開端

歌劇史上的第一部傑作，當然就是以奧菲斯為題的。事實上，蒙台威爾第在 1607 年創作了《奧菲歐》（L'Orfeo）時，距離史上第一部歌劇，即雅克布·佩里創作的《尤瑞迪絲》（Euridice）也只過去七年而已。此後，海頓和葛路克也貢獻同一主題的歌劇，尤其在 1858 年，奧芬巴哈在前人的基礎上，完成了戲仿之作《天堂與地獄》（Orpheus in the Underworld）！

奧菲斯教

西元前 6 世紀的希臘，出現了一個以奧菲斯為名的重要思潮（但鮮為人知，因為非常隱祕），有人甚至認為它已經預示了後來基督教的出現。奧菲斯教的信徒們反對希臘社會和宗教信仰，他們認為凡人的不朽靈魂會不斷轉世，但若他遵循某種密教儀式，就能抵達神祇國度，淨化靈魂……並且，每當有人死亡，就應進行祈禱、遵循儀式，只有這樣才能像奧菲斯一樣走出冥府，去經歷他的下一段人生！

羅馬名：奧菲斯 Orpheus
父親：奧阿格羅斯，色雷斯國王
母親：卡莉歐碧，史詩女神
妻子：尤瑞迪絲

列維《奧菲斯之死》Death of Orpheus｜1866｜奧賽美術館｜法國巴黎
當酒神節的狂歡蔓延至色薩利時，奧菲斯正在那裡，他不僅拒絕敬奉這位神祇，還批評他的瘋狂女祭司們把人類當祭品的作法，他還大肆宣揚與其對立的信仰（奧菲斯教）。為替酒神報仇，女祭司們將他碎屍萬段。後來他的頭顱在萊斯沃斯島被發現，並被精心保存，傳出魅惑歌聲。

迪歐斯庫瑞兄弟
卡斯托和波魯克斯
Castor & Pollux

同母異父的雙胞胎兄弟

雙子座的原型卡斯托和波魯克斯，在傳說中並非真的攣生兄弟。

因為波魯克斯是宙斯的兒子，有不朽之身，而卡斯托是人類國王的兒子，只是個凡人。

身分的不同，本可能讓兩人關係緊張，但實際上卻拉近了他們的感情，他們甚至成了兄弟情的代名詞。

同母異父的雙胞胎兄弟

迪歐斯庫瑞兄弟的出生在希臘神話中算是一椿奇案。宙斯愛上了美麗的斯巴達王后麗妲，他變成一隻天鵝，趁其不備時引誘她。甚至還未恢復人形，宙斯就以天鵝之身直接與她結合了（愛情不等人啊）。而麗妲當天稍早就已與丈夫親熱過，所以她同時懷了兩個人的孩子。一對兒女卡斯托和克萊婷，是她丈夫廷達瑞斯的，另一對兒女波魯克斯和海倫，是宙斯的。他們兄弟倆可以算作攣生，但卻不是來自同一個父親！竟有這種事。

等一下……
你是哪個爸爸生的？

冒險王

雖說同母異父，但這對兄弟相處得極為融洽，尤其願意一起參加各種新奇冒險。兩人誰也離不開誰，而且各有各的看家本領：卡斯托擅長騎馬，波魯克斯拳法無敵。他們還以勇氣聞名，傑森後來非常高興地接待他們，並歡迎二人加入他的阿果英雄遠征隊。他們還參加過卡呂冬野豬狩獵大戰，在那裡追捕一隻阿特蜜斯派來的憤怒野豬。好危險？他們樂在其中！

羅馬名：卡斯托和波利丟克斯
　　　　Castor & Polydeukes
詞源：迪歐斯庫瑞兄弟
　　　（宙斯的年少兒子們）
父親：波魯克斯的父親是宙斯，
　　　卡斯托的父親是廷達瑞斯
　　　（斯巴達國王）
母親：麗妲，斯巴達王后

早知道就不邀他們！

魯本斯《擄走柳西樸的女兒》 *Rape of the Daughter of Leucippus* | 1617 | 老繪畫陳列館｜德國慕尼黑

婚禮破壞者

某天，卡斯托和波魯克斯受邀參加阿果號同伴中另一對攣生兄弟伊達斯和林叩斯的婚禮，結果他倆竟各自愛上了人家美麗的未婚妻……更過分的是，他們甚至劫走了這兩個年輕女孩。可想而知這兩名未婚夫何其憤怒！他們追逐兩兄弟，其中一個未婚夫最後殺死了卡斯托。宙斯自然站在雙子兄弟這邊，就在波魯克斯欲為卡斯托報仇時，宙斯給了那個兇手一記閃電。但波魯克斯仍心痛難平，無法從手足之死的陰霾中走出來，宙斯於是答應了他一個奇怪的心願：每隔一天，就讓他與卡斯托交換一次不死之身。可說是半個不死身！

誰對這場婚禮有異議，請現在提出，否則請永遠保持沉默

我！
我！　我！

遇見迪歐斯庫瑞兄弟

羅馬卡比托利歐山

卡比托利歐山是羅馬中心區最重要的一座山丘，山頂的台階上矗立著迪歐斯庫瑞兄弟的兩座巨大塑像，不禁讓人想起這對孿生兄弟在羅馬的傳說。他們曾參與締造羅馬城的雷吉勒斯湖戰役（西元前 499 年）。在打敗拉丁人後，兩人讓馬兒在羅馬廣場的朱圖爾納噴泉飲水，據說勝利的消息就此在城中傳開。從背影看過去，人們可能對兩人奇怪的圓錐狀帽子頗感好奇，事實上，它們是蛋殼的象徵……這兄弟倆原本就是從蛋中出生的，一定是這個意思！

迪歐斯庫瑞兄弟雕像｜卡比托利歐廣場｜義大利羅馬

歌劇

迪歐斯庫瑞兄弟的影響可不僅僅停留在黃道十二宮（雙子座／Gemini，5月21日–6月21日）。雖說這已經夠厲害的了，但他們的身影還出現在眾多歌劇中，最著名的莫過於拉繆偉大的代表作《雙子星卡斯托與波魯克斯》（Castor et Pollux，1737／1754）。作品講述波魯克斯因兄弟之死內心糾結，一方面他想哀求宙斯讓卡斯托復活，另一方面又想娶深愛卡斯托的泰萊拉為妻；如果他讓卡斯托復活，那麼自己的心愛女人就會被卡斯托娶走了……高乃依式的抉擇！

斯巴達守護者

既然迪歐斯庫瑞兄弟在神話故事中被塑造成斯巴達王后的兒子，那麼他們在這座城邦中自然會受到特別尊崇。人們甚至還因此創立了一種獨特的斯巴達式政體：雙頭政治，也就是同時存在兩個國王。此外，在斯巴達軍隊出征期間，會帶著一組（兩支相連的）權杖，象徵兩個國王／迪歐斯庫瑞兄弟守護著軍隊。

斯巴達

卡斯托與波魯克斯的姐妹市

流行文化

在流行文化尤其電影中，卡斯托和波魯克斯的形象經常被用來表現人物的孿生特性。比如《飢餓遊戲》（The Hunger Games），凱尼絲這方的十三區反抗軍中，那對孿生兄弟就被命名為卡斯托和波魯克斯。還有更妙的，在《變臉》（Face／OFF）裡，當約翰・屈伏塔飾演的西恩變臉成他的死敵卡斯托・特洛伊時，發現他死敵的弟弟就叫波魯克斯・特洛伊……另一方面，1960 年代的法國兒童動畫《神奇的旋轉木馬》（The Magic Roundabout）中的小狗就叫波魯克斯，只是應該出現的孿生哥哥卻從未登場過（＃失望）！

吼～吼～

《變臉》

我的錯，屈伏塔先生，不該讓你跟卡斯托換臉的。
（卡斯托／Caster 在英語有「海狸」之意）

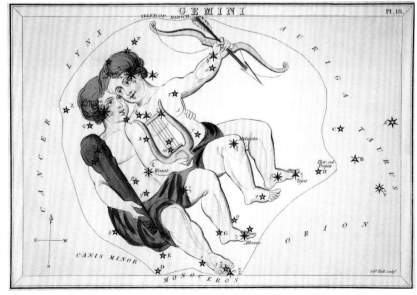

西德尼・霍爾《烏拉尼亞之鏡》（Urania's Mirror）星圖套卡中的雙子座｜1825｜英國倫敦
這幅版畫作品呈現出雙子座（孿生兄弟卡斯托和波魯克斯）形象，至於中間怎麼會有里拉琴則是個謎。

翟修斯
Theseus

翟修斯作為雅典第十任傳奇國王，理應是這座城邦中最受人愛戴的英雄。
然而，如果說一開始他的種種冒險經歷還讓人對他心生好感，那我們很快就會察覺，他其實是個不折不扣的渾蛋……

普桑和勒梅爾《翟修斯找回父親的劍》 *Theseus Rediscovering His Father's Sword*｜1638｜孔蒂博物館｜法國尚蒂利
「太重了吧！這破東西到底是啥？」

父親是愛情騙子

翟修斯的父親雅典國王愛琴斯是個老騙子。當初，他因沒有子嗣而絕望，於是拜訪老朋友，也就是特羅曾之王。國王的女兒艾達拉生得十分美麗，愛琴斯於是把她帶到一座小島，先佔有她……然後又果斷拋棄她。然而他突然想到，要是公主懷了一個兒子，且夠格「成為他的子嗣」（基準由他決定）怎麼辦？於是他留下一隻鞋和一把劍，藏在一塊巨石之下，告訴公主，當有天這個兒子大到可以繼承王位，就讓兒子帶著這兩樣信物去找他。太自我中心了吧！

繼母是下毒者

當翟修斯年滿十六歲，母親把他的身世告訴了他。在此以前，他一直以為自己是波賽頓的兒子，現在他知道他真正的父親是雅典國王愛琴斯。母親指給他那塊巨石，他輕鬆搬起，然後拿著鞋和劍直奔父親的王國。不幸的是，他的父親早已娶了一位和他一樣狡詐的新歡：美狄亞。這個不久前剛被傑森拋棄的女人，現在決定要悄悄毒死這個討厭的繼承者。然而，就在翟修斯即將喝下毒藥時，愛琴斯認出了翟修斯帶來的那把劍和那隻鞋。真是好險！

感謝您的邀請，我帶來了鮮花、一把劍和一隻鞋

殺死米諾陶洛斯，或是被牠殺死

愛琴斯很高興與兒子重逢，他趕走美狄亞，準備把王位傳給翟修斯。但翟修斯得知雅典人每隔九年就要向克里特國王米諾斯做一次可怕的獻祭，祭品則是七對童男童女，他們會作為食物被怪物米諾陶洛斯吃掉。而這一災難又源自愛琴斯當初的惡行，他曾出於妒忌，殺害米諾斯的兒子，因為後者在雅典娜女神節上贏得太多獎項！這項獻祭就是對米諾斯的補償。起義者翟修斯自告奮勇去做獻祭者，實則想找機會除掉米諾陶洛斯。他打定主意，即使身死也在所不惜。愛琴斯想勸他打消這個念頭，卻是徒勞⋯⋯

貝拉基《雅瑞安妮將線團交付翟修斯，助其離開迷宮》 *Ariadne Giving Some Thread to Theseus to Leave Labyrinth* | 19 世紀初 | 波隆那現代藝術博物館 | 義大利波隆那
翟修斯感激涕零，發誓會愛雅瑞安妮一輩子⋯⋯兩天好了，都一樣嘛。

嫁給我，雅瑞安妮

當翟修斯抵達克諾索斯港準備獻祭時，克里特國王的女兒雅瑞安妮突然愛上了他。簡直比火箭還迅速。她想救翟修斯的命，為此不惜背叛她的父親和同母異父的兄弟米諾陶洛斯。只是她要翟修斯答應，如果他能活下來，就要帶她離開並娶她為妻。內心狂喜的翟修斯立即答應她。雅瑞安妮於是向戴達洛斯——也就是米諾陶洛斯所住迷宮的設計者——請教活著走出迷宮的方法，戴達洛斯給她一個線團，它將幫助翟修斯找到迷宮出口⋯⋯

果然還是別結婚好

翟修斯輕鬆殺死米諾陶洛斯，又利用線團走出迷宮，隨後他就帶著雅瑞安妮逃走。然而，這個忘恩負義的小子，一逮到機會就把雅瑞安妮拋棄在一座荒島。混蛋！幸運的是，雅瑞安妮正哭泣時，遇見了酒神戴奧尼索斯。他憐憫她，安慰她，並逐漸愛上她，後來便娶她為妻。一位神祇取代一個粗人：雅瑞安妮還是很幸運的！

「有人要跟我拍《戀愛島》實境秀嗎⋯⋯」

我是如何幹掉自己父親的

翟修斯的愚蠢可一刻都未曾停歇：他父親曾囑咐，如果他能活著回來，返航時就在船上掛起白帆，使人遠遠就能望見，作為好消息的信號。或許是他忙著拋棄雅瑞安妮，就把父親的叮囑忘了，又或許是他有意想讓老父親心臟病發作，自己趕緊繼承王位，總之，翟修斯讓手下掛著黑帆返航了。愛琴斯以為兒子已死——國王畢竟也有錯，就是因為他，雅典人才不得不作為貢品進獻給米諾陶洛斯——於是他從懸崖跳下，自殺身亡。糊塗蟲！

圭多・雷尼《酒神巴克斯和雅瑞安妮》 *Bacchus and Ariadne* | 1619–1620 | 洛杉磯美術館 | 美國洛杉磯
「你看，當時他就站在那裡對我說：『不要走開，馬上回來。』結果我就這麼一直等著著。」

蓋翰《菲德拉和希波呂特斯》 *Phaedra and Hippolytus* | 1815 | 波爾多美術館 | 法國波爾多
菲德拉受奶媽慫恿，撒謊抹黑希波呂特斯。希波呂特斯穿上一身白衣，表明自己清白，駁回菲德拉的控訴。但憤怒的翟修斯不願相信堅稱清白的兒子。

我老婆是如何背叛我的

回到雅典後，翟修斯陪海克力斯來到亞馬遜女戰士那裡，迎娶了自己的王后安緹歐珮，並與她生下了兒子希波呂特斯。安緹歐珮死後，翟修斯又動了粗鄙的念頭……他竟又娶了雅瑞安妮的妹妹菲德拉！結果他狠狠遭到了報應，並差點被戴綠帽。事實上，因為他的兒子希波呂特斯喜歡阿特蜜斯，卻鄙視阿芙羅黛蒂，愛神出於報復，就讓菲德拉深深愛上她這位繼子……不過憤怒的希波呂特斯拒絕了他的繼母，為逃避她，便離家出走了。

我是如何幹掉自己兒子的

出於報復，同時也害怕希波呂特斯把真相告訴他父親，菲德拉先下手為強，控告希波呂特斯企圖強暴自己。太經典了！翟修斯氣憤至極，遂請求波賽頓詛咒自己的兒子。希波呂特斯沿海駕駛馬車時，波賽頓命一個海妖去嚇唬他：馬匹脫韁，可憐的希波呂特斯被馬車拖到懸崖邊，死狀淒慘……菲德拉得知這一消息後，懷著巨大的懊悔與悲傷自縊了（阿斯克勒庇俄斯被這位年輕人的死深深觸動，後來讓他復活了）。

我是如何被自己城邦驅逐的

翟修斯曾是一位非常優秀的國王（出乎意料！），雅典在他的領導下富強有序，然而他臨死前卻並未得到應有的回報。雅典人透過選舉，並根據他剛創建不久的驅逐機制，把他攆走了……真諷刺！他最後遠離雅典，客死他鄉。這一不公待遇，是他平生唯一一次不該承受的！

羅馬名：翟修斯 Theseus
父親：愛琴斯，雅典國王
母親：艾達拉，阿爾戈利斯島特羅曾之王的女兒
妻子：雅瑞安妮安緹歐珮和菲德拉

等等，你說你姐姐是？

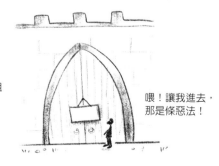

喂！讓我進去，那是條惡法！

遇見翟修斯、雅瑞安妮和菲德拉

藍色愛琴海

曾經，愛琴海是長期被古希臘各城邦包圍著的，無論是東面還是西面。如果你熟知地理，或許會跳出來說：「才不對，仔細看，愛琴海東面明明是土耳其！」事實上，土耳其在古希臘時代也是屬於希臘的，人們當時把這塊地方稱作「小亞細亞」。時至今日，這個國家仍到處是古希臘時代留下的遺跡！話說回來，翟修斯的父親正是跳進這片海中，從此人們便以他父親的名字命名這片海域（「愛琴海 / Aegean Sea」詞源即來自「愛琴斯 / Aegeus」）！也算是對他的祭悼吧！

愛琴海

雅典

拉辛的《菲德拉》

拉辛於 1677 年創作的五幕悲劇《菲德拉》（Phèdre）是他最鍾愛的作品。在他看來，菲德拉是完美的悲劇女主角，而這部戲劇的故事情節也完全仿照希臘神話，很適合在道德方面教化觀眾。古羅馬哲學家塞內卡也曾以菲德拉的故事為原型創作了一部戲劇：該作將種種欲望視為一種靈魂疾病，藉此從精神與哲學兩方面探討道德。

法國的阿利安火箭

阿利安火箭（Ariane，「雅瑞安妮 / Ariadne」在法國就叫「阿利安 / Ariane」）計畫於 1973 年啟動，是由法國國家太空研究中心發起的一項重大計畫。起初有眾多備選名字：Phénix（鳳凰座）、Véga（織女座）、Lyre（天琴座）、Cygne（天鵝座）等……都被呈到法國當時的工業與科學發展部部長面前。然而這位出身於法國高等師範學院以及國家行政學院，又教過歷史的部長，深深著迷於希臘神話，遂決定道：這些備選名字都很棒……但他更喜歡戴奧尼索斯那位美麗動人的妻子雅瑞安妮。真是一個朱比特式的選擇！

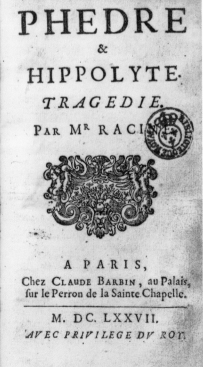

拉辛《菲德拉》封面

阿利安火箭發射

柏修斯
Perseus
宙斯的英雄兒子

柏修斯是古希臘時代最惹人喜愛的半神，他砍掉恐怖的戈爾貢女妖梅杜莎的頭，這一事蹟令他廣為人知。
隨後他又勇鬥海怪，從牠口中救出美麗的安卓美妲，娶她為妻……

萊頓《柏修斯與安卓美妲》 *Perseus and Andromeda* | 1891 | 利物浦國家博物館 | 英國利物浦
太陽加身的柏修斯（英仙座），守護了他未來的老婆安卓美妲（仙女座）。

被鎖進箱子漂流大海

柏修斯是美麗的公主達娜葉之子，公主的父親是阿果斯王阿克瑞希斯。國王曾收到一道神諭，說有一天他會被他的外孫殺死。為防止女兒懷上孩子，國王將她幽禁在一座塔樓裡。然而，宙斯愛上了美麗的達娜葉，並化作一瓢黃金雨與她交歡，就這樣，他們孕育了柏修斯。國王知道真相時為時已晚，達娜葉已經成了母親。憤怒的阿克瑞希斯遂將這對母子關進箱子扔進大海，期盼著他們就此消失……

如何不與梅杜莎對視

後來，柏修斯與母親漂到一座島嶼的淺灘，當地國王想娶達娜葉為妻，柏修斯為阻止此事，便答應國王幫他取下梅杜莎的頭顱。梅杜莎是戈爾貢三姐妹中唯一無法永生的怪物。荷米斯幫柏修斯弄到了隱身頭盔，又借給他帶翅膀的鞋子和帽子。梅杜莎的目光會讓人變成石頭，雅典娜便傳授他應對之策：一邊看著盾牌反光中的梅杜莎，一邊接近她，最後趁她熟睡時砍下她的頭（＃聰明）！

要是把這項任務交給自戀狂納西瑟斯……

羅馬名：柏修斯 Perseus
詞源：可能是「毀滅」、「搶奪」
父親：宙斯
母親：達娜葉，阿果斯王之女
妻子：安卓美妲

安卓美妲，我的星星

柏修斯剛砍下梅杜莎的頭，就見到飛馬帕格索斯冒了出來，原來牠一直被封印在梅杜莎的血液中。柏修斯騎著飛馬，歸返母親所在的島嶼。路過衣索比亞一處海岸時，他看見了迷人的少女安卓美妲。她當時被鎖鏈綁著，正要被獻祭給一個可怕的、正蹂躪這個國家的海怪，這一切只因女孩的母親卡西奧佩王后狂妄自大，吹噓自己比海洋仙女們還漂亮。柏修斯絲毫沒有遲疑，決定救下安卓美妲，並娶她為妻。

石之婚禮

在與海怪交戰前，柏修斯已與安卓美妲的父母瑟菲斯和卡西奧佩達成協議，如果他能救下他們的女兒，他們便成全兩人的婚事。這對悲傷的父母本已心甘情願地接受這一條件，可柏修斯剛把安卓美妲解救出來，他們便反悔了。婚禮上，他們否認了之前的承諾，堅持要把女兒嫁給安卓美妲的表哥，也就是她原本的未婚夫！賓客們開始圍攻柏修斯並擊倒他，他迫不得已，掏出了梅杜莎的頭顱。這個女妖雖然已死，但目光依然會將人石化。就這樣，他一下子把兩百多名反對者通通變成了石像。喔，致命的婚禮！

預言終成真

柏修斯凱旋歸來，卻發現國王波利德克特士曾企圖趁他不在時玷汙他母親。於是他一不做二不休，掏出梅杜莎的頭顱，即刻將這無賴也化作石頭，救出母親。後來，幸福自在的柏修斯去參加拉里薩運動會，他擲鐵餅時稍用力過頭，鐵餅意外砸到一名老者的額頭，他便被砸死了……而這位老人就是他的外公，國王阿克瑞希斯；昔日預言終成真，他到底還是被自己的外孫奪去了性命！

壞消息，你外公被砸死了

喔，這樣啊……那我贏了嗎？

神話知識小測試

以下誰沒被梅杜莎石化？

(A) 阿特拉斯

(B) 珊瑚

(C) 婚禮賓客們

(D) 博格達諾夫兄弟（Bogdanov，法國名人）

答案：真假？你還需要答案？

切利尼《柏修斯舉著梅杜莎的頭》*Perseus with the Head of Medusa* | 1545–1553 | 傭兵涼廊 | 義大利佛羅倫斯

遇見柏修斯

聖喬治與珊瑚

在基督教神話中，有關聖喬治的英雄事跡在中世紀時流傳甚廣，它可能正是由柏修斯打敗海怪的傳奇故事演化而來。但鮮為人知的是，在詩人奧維德的筆下，柏修斯還是珊瑚的創造者。為什麼？因為他在與海怪搏鬥時，把梅杜莎的頭放在沙灘上，待他結束戰鬥回來時，卻發現海灘上的所有藻類不僅被凝固成石頭，還被梅杜莎的鮮血染成了紅色！太會寫了。

柏修斯知識數據庫

如今在網路上，法國就有一個相當好用的名為「Persée」的學術出版品數據庫（「Persée」即「柏修斯」的法文寫法）。這是在向他的聰明才智致敬嗎？不管怎麼說，他的妻子安卓美妲也有一個不錯的結局，她與丈夫一樣，成了天上的星宿（Andromeda／仙女座）。除此以外，衣索比亞的國王和王后，也就是瑟菲斯與卡西奧佩竟也被波賽頓化作天上的星宿（「Cepheus／仙王座」與「Cassiopeia／仙后座」）。我們可能無法理解：對這種無法兌現承諾的人，竟也如此慷慨，是不是太仁慈了？不該如此。

貝勒洛豐與奇美拉
Bellerophon & Chimera

科林斯王打怪傳奇

飛馬馴養人貝勒洛豐是一位充滿魅力的英雄,但過分自大的他歷盡艱辛才終於懂得:
人不該猖狂地將自己視為與神一樣偉大!

過失殺人

貝勒洛豐原名希波諾斯(Hipponous,意為「懂得馴馬之人」),某天他在狩獵中意外殺死一位名叫貝勒洛斯(Belleros)的貴族。隨後他來到科林斯王身邊,渴望洗刷自己的罪惡,國王於是為他改名貝勒洛豐(Bellerophon,意為「殺害貝勒洛斯的人」)。誰知因他長得十分英俊,國王的妻子斯忒涅玻亞便愛上他。王后企圖勾引貝勒洛豐,但品性正直的他嚴正拒絕了。憤怒的王后於是向丈夫誣告貝勒洛豐想強暴她……(#脾氣躁!)

誰也殺不了的客人

科林斯國王對此十分煩惱,他不想親手殺掉自己的客人,因為這麼做有違古希臘傳統,於是他請貝勒洛豐捎一封信給他岳父呂基亞國王伊俄巴忒斯,信件內容就是要岳父殺掉這位傳信者。然而,伊俄巴忒斯在讀信之前就已大擺酒席,與貝勒洛豐共享盛宴,這下好了,他也跟女婿一樣陷入同樣困境。他不能殺掉客人,尤其是自己宴席上的客人!為了殺掉貝勒洛豐,伊俄巴忒斯想出了另一個辦法,派他去完成一項自殺式任務……

踢皮球大賽冠軍

殺死奇美拉並非幻夢[1]

由於伊俄巴忒斯的王國飽受奇美拉之苦,他決定讓貝勒洛豐去除掉奇美拉,以解救自己的王國。奇美拉是一頭怪獸,擁有一條蛇尾巴和兩顆腦袋:獅頭與羊頭,還會噴火。所幸貝勒洛豐得到雅典娜的幫助,女神送給他一個黃金馬嚼,助他馴服飛馬。後來他身騎飛馬,向奇美拉嘴裡丟進一顆鉛球。怪獸噴火時,鉛球馬上在牠喉嚨中熔化,鉛汁流進肚子,奇美拉就這樣將自己弄死。多蠢的野獸啊?伊俄巴忒斯接下來又派他去對戰索呂彌人、亞馬遜女戰士、海盜……後來,能用的詭計全都用光了,伊俄巴忒斯乾脆直接派出軍隊與貝勒洛豐決一死戰。

提也波洛《騎著飛馬的貝勒洛豐殺死奇美拉》(穹頂畫局部) *Bellerophon, Riding Pegasus, Slaying the Chimaera*
1723 | 桑迪–波多宮 | 義大利威尼斯
這幅畫沒有畫出奇美拉的第二顆頭(山羊頭),而我們唯一看到的那顆卻更像狗頭而非獅子,不過還 OK 啦。

1 法文「Chimère」一詞既指希臘神話中的怪物奇美拉,亦有幻想之意。

貝勒洛豐是紳士

可憐的貝勒洛豐戰功赫赫，卻眼睜睜看國王派出軍隊「犒賞」自己，他忍無可忍，只好向波賽頓求助，祈求神祇用洪水淹沒這片平原，溺死士兵。這一辦法奏效了，貝勒洛豐馬上向伊俄巴忒斯的宮殿進攻，然而王國的女人們為保護國王，紛紛掀起了自己裙子。貝勒洛豐是個有羞恥心的人，見不得女人如此裸露，便主動逃走了。不過透過此事，伊俄巴忒斯忽然意識到，這樣一位男子不可能做出強暴王后的行為（＃總算看清啦）。不僅如此，他還把自己的女兒許配給貝勒洛豐！

登上奧林帕斯山

不過貝勒洛豐並不滿足於這樣的 Happy Ending，因為他想向曾經陷害他的王后斯忒涅玻亞復仇。於是，他駕著飛馬，邀請王后伴著月光在夜裡漫步。然後就一把將她推入海中。完成英雄偉業的貝勒洛豐陶醉在驕矜自滿中，覺得自己與眾神一樣偉大，於是駕著飛馬衝上奧林帕斯山。宙斯為了讓他滾，只好向他丟閃電。就這樣，貝勒洛豐死了，死於自己過分的狂妄自大。

I can show you the world～

遇見貝勒洛豐

建築裝飾：「滴水嘴獸」不等於「石像怪」

我們常常有所誤會。在建築學中，「滴水嘴獸」（gargoyle）專指那些為屋頂雨水引流的怪誕雕飾（尤見於哥德式與羅馬式建築）。而「石像怪」（chimera，詞源即來自「Chimera／奇美拉」；這種建築術語也叫 grotesque）一詞，則指那些極具幻想風格、純以裝飾為目的的怪誕雕像，它們常矗立在教堂或大樓門口。下次你去巴黎聖母院玩的時候，記得露一手這個冷知識。

拿破崙皇帝就這樣離我們而去

對拿破崙的粉絲所有法國人來說，「貝勒洛豐」會讓人痛苦地回憶起令人感傷的 1815 年。那一年滑鐵盧之役後，奸詐的盎格魯人便把偉大而高貴的皇帝帶去聖海倫娜島。事實上，盎格魯人當時有一艘軍艦就叫「貝勒洛豐號戰艦」（HMS Bellerophon）……正是那位滿負榮耀渴望、登上奧林帕斯山卻被閃電劈死的英雄之名。這或許也映射出拿破崙的一生吧。可惡啊，阿爾比恩（Albion，大不列顛島的古稱），也太會了吧！

《不可能的任務 2》

湯姆‧克魯斯電影很有文化！在吳宇森 2000 年的電影《不可能的任務 2》（Mission Impossible II）中，幹員伊森‧韓特必須取回一種名叫「奇美拉」的生化武器，而這種病毒唯一的解藥就叫「貝勒洛豐」！女主角後來為阻止壞蛋獨佔病毒，將其注射進自己體內，究竟伊森能成功解救她嗎（＃懸念＃摯愛）？

噢，吳宇森先生，這種類型的病毒我恐怕對付不了！

巴黎聖母院上的「石像怪」｜攝於 1925 年
這些石像怪是建築師維奧萊－勒－杜克在 1857 年對大教堂進行修復時所添加的；中世紀時它們並不存在！在 2019 年的大火中它們倖存了下來。

羅馬名：貝勒洛豐 Bellerophon
詞源：殺死貝勒洛斯的人
父親：波賽頓
母親：尤麗嫩，墨伽拉國王之女

帕里斯

Paris

挑起特洛伊戰爭的王子

英俊的特洛伊王子帕里斯性格極其輕浮，他一人就挑起特洛伊戰爭，並導致整個城邦的覆滅，
只因他非要劫走全世界最美的女人不可。敗家子！

逃不過的預言

帕里斯的母親是特洛伊王后赫秋芭，她還在懷孕時，某夜曾夢見自己生下一支燃燒的火炬。一位神祇告訴她，這個夢預示著她的兒子未來會讓這座城邦陷入烈焰之中。她與丈夫為逃避這一命運，決定「拋棄」這個孩子，於是他們把帕里斯扔在特洛伊附近的一座山上。唉，天真的凡人啊！沒有人可以逃離命運。結果帕里斯先是被一頭母熊哺育，然後又由一位牧羊人撫養長大，還長成一名英俊又有力量的男人⋯⋯

帕里斯啊帕里斯，誰是世上最美的女人？

一天，帕里斯正在牧羊，看見三位聖潔的女神向他走來，她們正為誰配擁有金蘋果爭吵，因為金蘋果上刻著「給最美的女人」。於是她們找他做裁判。進退兩難！為讓自己被選中，每位女神都向他作出一個承諾：阿芙羅黛蒂許諾他將得到世上最美女人的愛情，雅典娜許諾他的軍隊武運昌隆，而赫拉則許諾他擁有亞洲和歐洲的統治權。帕里斯彷彿命定般地選了阿芙羅黛蒂。剩下兩位被輕視的女神非常生氣，發誓要向他報復。

帕里斯，特洛伊之馬

幾週後，帕里斯在當地競技比賽中奪冠，他憑藉自己的天賦和俊美擊敗了所有競爭者，一時聲名大噪。他妹妹卡珊德拉認出他，他父母非常高興與兒子重逢，居然忘記了當年的預言。然而正是因為預言的力量讓他被拋棄，如今又被帶回特洛伊。致命的錯誤！後來帕里斯因阿芙羅黛蒂的許諾而得到美麗的海倫的愛情，但他也因為搶走海倫，引發了一場長達十年的戰爭，可他絲毫不為此自責。

給阿基里斯致命一箭

是帕里斯挑起特洛伊戰爭的，而他哥哥赫克特卻要因他承擔保衛城邦的重任。不過當阿基里斯殘殺赫克特並羞辱他的屍體時，帕里斯終於做出他在這場戰爭中唯一的正確之舉：他向阿基里斯的後腳跟射出致命一箭（其實這一箭是在阿波羅的操縱下射出的）。不久，帕里斯自己也被海克力斯的同伴一箭射死了⋯⋯後來，海倫嫁給了帕里斯的弟弟（＃不忠）！

門斯《帕里斯的裁判》 *Judgement of Paris* | 1757 | 艾米塔吉博物館 | 俄羅斯聖彼得堡

帕里斯頭戴一頂典型的特洛伊居民常戴的弗里吉亞帽，他把金蘋果交給阿芙羅黛蒂，丘比特當時正陪在她身邊。阿芙羅黛蒂的右邊是傲慢的赫拉，她忍受著被輕視的侮辱（我們從她身後的象徵物「孔雀」就能認出她）。最右邊是貞潔的雅典娜，正為自己白白裸體卻一無所獲而氣惱，她準備穿上剛放在地上的戰甲，並威脅帕里斯，發誓她一定會報復。特洛伊戰爭爆發後，雅典娜站在希臘這方，向帕里斯復仇。

父親：普瑞阿摩斯，特洛伊國王
母親：赫秋芭，特洛伊王后
情人／妻子：海倫

遇見帕里斯

引發紛爭的蘋果

「Apple of Discord」（引發紛爭的蘋果）這一短語意指「紛爭的起因」，而「discord／紛爭」一詞事實上源自紛爭女神厄麗絲（Eris／Discordia）。她總愛在人群中搬弄是非，所以當她沒有受邀參加阿基里斯父母的婚禮時，這位紛爭女神非常氣憤，決定報復他們。她朝著賓客宴席扔出一顆蘋果，上面刻著「給最美的女人」。這一下，她的陰謀完全得逞了：赫拉、阿芙羅黛蒂和雅典娜三位女神立即爭吵起來，古希臘時代死傷最慘烈的戰爭，也由此緩緩拉開序幕！不得不說，紛爭女神在履行自己職責這方面真的是專業！

海倫
Helen
世界最美的女人

世界最美的女人海倫自童年時代起，就勾起無數追求者的幻想，當她長到可以結婚的年紀，所有國王都來向她求婚。
她本已成了斯巴達國王梅奈勞斯的妻子，但帕里斯將她劫走，這才挑起了西元前 1180 年的特洛伊戰爭……

絕代佳人

海倫是宙斯與麗妲的女兒，眾神之神宙斯當初將自己化成一隻天鵝，引誘了斯巴達王后麗妲。從出生起，海倫的美貌就已名震世界，等她長到可以結婚的年紀，希臘所有國王都爭著向她求婚。為確保公平公正，一旦哪個幸運兒被選中，那麼所有競爭者都要宣誓，共同保護這位成功求婚者，哪怕是為他打仗都在所不惜……

與帕里斯共度良宵

海倫的養父廷達瑞斯選擇梅奈勞斯作女婿，這位青年非常富有，是邁錫尼國王的繼承者。但幾年後，特洛伊王子帕里斯因為金蘋果事件而得到阿芙羅黛蒂的承諾，他將擁有全世界最美女人的愛情……於是，女神讓海倫愛上他！就這樣，當帕里斯來到斯巴達（梅奈勞斯正好要遠赴克里特島），海倫對他一見鍾情，在他們共度良宵之後，帕里斯搶走了海倫，並把她帶回特洛伊……致命的錯誤！

沃夫岡·彼得森《特洛伊：木馬屠城》 *Troy* | 布萊德·彼特、奧蘭多·布魯、黛安·克魯格主演 | 2004
演員卡司的臉龐之俊美精緻，全是一時之選！電影相當值得一看，雖然為期十年的特洛伊戰爭，在電影中只持續兩天……

引發戰爭的女子

國王梅奈勞斯因妻子被人搶走深感羞辱，於是召集所有曾宣誓捍衛他的國王，組成一支無比強大的軍隊，由他哥哥、希臘眾國王的首領阿格門儂統率，浩浩蕩蕩出發了。他們的目標是摧毀特洛伊，帶回海倫。由這場衝突引發的特洛伊戰爭（可能真的發生過）持續了十年之久。有一天，梅奈勞斯與他的對手帕里斯終於正面交鋒，就在帕里斯即將被殺的最後關頭，阿芙羅黛蒂將他救出，並帶到戰場之外。（#作弊啦！）

結局絕不浪漫

希臘人攻下特洛伊城後，梅奈勞斯四處尋找海倫，打算殺掉她，為自己報仇。可當他再次見到海倫，又被她的美麗征服，重新愛上她，並把她帶回斯巴達。人也太好了吧！然而，當她丈夫死去，憎恨她的同胞們無不覺得她要為這場戰爭負責，因此將她逐出城。海倫逃到羅德島避難，但羅德島王后一樣憎恨她，因為王后的丈夫在特洛伊戰爭中陣亡，王后將此事歸咎於她。最後她將海倫溺死在浴缸，並命人把她的屍體掛到樹上！因果報應。

發動戰爭？
結論會不會
下太快？

希臘名：海倫娜 Helena
父親：宙斯
母親：麗妲，斯巴達王后
丈夫：梅奈勞斯，斯巴達國王
情人：帕里斯，帕里斯死後是
帕里斯之弟戴弗布斯

遇見海倫

法式甜點「梨海琳」

奧芬巴哈 1864 年創作的滑稽歌劇《美麗的海倫》（La Belle Hélène）取得了空前成功，一時引起整個歐洲熱議。這麼說一點也不過分，因為就連那位將來註定成為「廚師之王」的年輕廚師奧古斯特·艾考菲耶，在當時也緊跟潮流，量身設計出甜點「梨海琳」（Poire Belle-Hélène，即「美人海倫之梨」）。這道甜點以一顆完整梨子、香草霜淇淋球和巧克力醬組成。雖說這道甜點與歌劇本身實在沒啥關係（倒是梅奈勞斯的形象和它更匹配，他在故事中就是個好騙的傻子〔poire，「梨」的法文也是「poire」〕），但它帶給我們的味覺快樂，可絲毫沒有因此減少！

#性感

赫克特
Hector
特洛伊王子，挺身而出的城邦守護者

赫克特是一位少見的能獲得大家一致認可的英雄：一個真正的勇士、好丈夫、好父親、好兒子，
同時也是人民的典範，不僅朋友們尊重和愛戴他，連他的敵人亦是如此⋯⋯

卡斯泰利《安德柔瑪姬在特洛伊城門前攔截赫克特》 Andromache intercepting Hector at the Scaean Gate｜1811｜布雷拉美術學院｜義大利米蘭
這位英雄忍住對家人的愛，將兒子推開，前往履行職責。

扯後腿的弟弟

赫克特是帕里斯的哥哥，他比弟弟更成熟，更勇於擔當。與帕里斯不同，他自小在特洛伊長大，註定將繼承他父親普瑞阿摩斯的王位。當得知帕里斯帶回海倫時，赫克特就冷靜地指出他的錯誤，他的沉著可見一斑。他努力說服弟弟把這位美麗王后送回她合法丈夫的身邊，並讓他認清形勢：如果不妥協，整個特洛伊城邦都將被迫面臨戰爭威脅⋯⋯加把勁，赫克特！

噢，
我弄錯人了！

特洛伊城的城牆

希臘人曾接到一則神諭，預言說只要赫克特活著，特洛伊城就無法攻陷。因此，每一場戰役，希臘人的所有進攻都有意針對赫克特。但在長達九年的圍攻中，赫克特抵住敵人的每一次攻擊，即使大敵當前也依然撐住，例如他與（他以為的）阿基里斯對戰，並將無敵的他殺死那次（其實他殺死的「阿基里斯」，是阿基里斯表弟帕特羅克斯）⋯⋯赫克特披著阿基里斯的盔甲榮耀歸來，回到熱愛著他的城邦和妻子身邊。

責任感很強的男人

當阿基里斯得知赫克特殺死他最好的朋友暨表弟帕特羅克斯時，他勃然大怒，憤憤不平。赫克特當然知道，阿基里斯一定會設法復仇並殺死自己。深愛他的妻子安德柔瑪姬攔下赫克特，不讓他邁出城邦大門，請求他不要去對戰阿基里斯。為勸阻丈夫，她甚至把兒子舉到面前，想勾起他的憐憫之心，要他別讓孩子成為孤兒。不久前，赫克特已經因為宙斯的命令被眾神拋棄，他感到身上的力量已然消逝，不過此刻，責任之重使他戰勝自己的恐懼和感情，於是，赫克特出發了⋯⋯

我的勇氣棄我而去

赫克特與阿基里斯之間的較量，本該是一場勇者之戰，但赫克特卻突然變得莫名怯懦。他不顧父母傳來的喝斥與激勵，一邊望著阿基里斯，一邊逃走了。阿基里斯追著他，繞城整整三圈！帕里斯曾拒絕把金蘋果交給雅典娜，自那以後，這位女神就一直站在希臘這方，她化身成帕里斯的模樣，唆使赫克特加入戰鬥，然後設圈套陷害他。她答應會幫助赫克特，可當他準備迎戰阿基里斯時，雅典娜卻棄他而去，阿基里斯抓住機會，無情地將他殺死了。

屍體遭受凌辱

殺死赫克特後，阿基里斯依然無法平復失去帕特羅克斯的痛，他把赫克特的屍體拖在馬車後方，在所有特洛伊人悲傷的注視下繞城三圈。隔天，乃至接下來的一整週，阿基里斯每天都這樣凌辱他一番，直至某日，赫克特的老父親普瑞阿摩斯在阿波羅的指引下來向阿基里斯求情，求他把兒子的屍體還給自己，好為他舉行一場莊重的葬禮。阿波羅神奇地護住赫克特的身體，而阿基里斯也最終起了憐憫之心，作出讓步——其實是迫於眾神的壓力，他如此對待一位已死的英雄，讓眾神為之憤慨。

看來很難路邊停車了

馬奇《阿基里斯的勝利》 *Triumph of Achilles*｜1882｜阿基里斯宮｜希臘科孚島

遇見赫克特

方塊 J

赫克特在中世紀騎士文化中是完美典範。雅克・德・隆吉永（Jacques de Longuyon）在 1312 年創作了極其暢銷的英雄讚歌《孔雀的誓言》（*Les Voeux du paon*），赫克特正是書中九位主角之一。這「九勇者」體現出完美騎士身上所能擁有一切美德。本作在當時大獲成功，甚至七十年後當第一副撲克牌問世時，裡頭的男性圖像就是以這九勇者命名的。自此以後，赫克特成了撲克牌中的「方塊 J」！

杜・貝萊的偉大詩作

約阿希姆・杜・貝萊是法國 16 世紀的偉大詩人，當他在羅馬看到古代輝煌的歷史遺跡被埋在荒草下，並見證了當代人對待歷史的輕蔑態度，便陷入了深沉憂鬱。他創作了一首優美的十四行詩，揭露那些平庸之人對失去力量之人的踐踏，即使前者過去在後者面前總是瑟瑟發抖：「被征服者竟敢蔑視征服者。」當然，杜・貝萊也提到了赫克特：「就像那些曾被征服的希臘人，膽敢出來圍繞在特洛伊城之英雄赫克特的屍體周圍。」多麼令人動容！

希臘名：赫克特 Hector
詞源：擁有者
綽號：克里泰奧洛斯（Corythaiolos，意即「戴著最貴重頭盔的人」，該頭盔由阿波羅所贈）、特洛伊的城牆
父親：普瑞阿摩斯
母親：赫秋芭
妻子：安德柔瑪姬

特洛伊

雅典

安德柔瑪姬
Andromache
被囚禁的特洛伊公主

安德柔瑪姬原本很有可能永遠破碎不堪：她曾親眼看著深愛的丈夫被阿基里斯殺死，兒子也死於阿基里斯之子皮胡斯之手……最慘的是，她還被皮胡斯帶回家中，成了他的奴隸！然而，她扭轉了自己的命運，最終取得了勝利……（#復仇）

愛情故事（總是）悲劇收場

安德柔瑪姬與赫克特曾是特洛伊最讓人稱羨的一對。兩人相貌出眾、品性正直，又對彼此飽含深情，整個城邦的人民，都夢想著能擁有像他們一樣的愛情（#凱特王妃 & 威廉王子）。然而，經歷了九年的戰爭，赫克特不得不與戰無不勝的阿基里斯單挑。絕望的安德柔瑪姬努力想留住他，不惜把他們的孩子舉到他眼前，盼望他能心軟……儘管她心裡明白，赫克特終究要去履行他的職責。無比恐懼的安德柔瑪姬，眼睜睜看著深愛的人死在阿基里斯手裡……接著，彷彿如此折磨還不夠，她又眼看阿基里斯凌辱丈夫的屍體。悲痛萬分！

從公主到奴隸

當她的城邦特洛伊淪陷時，安德柔瑪姬經歷了一次比一次恐怖的精神創傷。她看著年邁的公公普瑞阿摩斯苦苦哀求，卻被阿基里斯之子皮胡斯殘忍殺害，接著她又目睹小姑波莉西娜被皮胡斯割喉，接下來，她又眼睜睜看著自己的兒子被皮胡斯從城牆上推下去。最慘的，是她自己被希臘人當成奴隸送給皮胡斯，這個全世界她最痛恨的男人！接連不斷的噩夢……

嗯……

我想我現在真的運氣不好

詞源：對抗男人的女人
父親：易西昂，特洛阿德地區西里西亞城邦的國王
兒子：愛斯台安納克斯（第一段婚姻所生）；墨洛索斯、皮埃洛斯、帕加摩斯（第二段婚姻所生）
丈夫：赫克特、皮胡斯

萊頓《俘虜安德柔瑪姬》 *Captive Andromache* | 1888 | 曼徹斯特美術館 | 英國曼徹斯特
中央的安德柔瑪姬，正為她的丈夫也就是國王的兒子服喪。

愛的單向線

人人都知道安德柔瑪姬是一位完美妻子，因此皮胡斯也沒有把她當作隨隨便便的戰利品。正因如此，皮胡斯這小混蛋受到了命運的捉弄：他無法自拔地愛上他的奴隸，正是這點使兩人的關係就此翻轉……大快人心！一條讓人難以置信的「愛的單向線」就此形成：安德柔瑪姬被皮胡斯愛著，皮胡斯被他妻子荷麥歐妮（他的表妹，海倫與梅奈勞斯的女兒）愛著，荷麥歐妮被奧瑞斯特斯（希臘首領阿格門儂的兒子）愛著……

從奴隸到王后

皮胡斯對安德柔瑪姬的愛，使他那無法生育的妻子荷麥歐妮大為嫉妒。這很好理解：第一，她愛的人愛上了別的女人；第二，安德柔瑪姬還跟他生了三個孩子！荷麥歐妮認為是安德柔瑪姬把無法生育的噩運帶給自己，她控訴她，並想殺掉她（#女人的狂怒）！不過幸運的是，安德柔瑪姬被阿基里斯的老父親佩琉斯救下來了。最後，荷麥歐妮把怒火轉向了自己丈夫，她逼迫奧瑞斯特斯將皮胡斯殺死，這反倒成全了安德柔瑪姬的兒子，使其得以繼承王位！由此，安德柔瑪姬總算得到了命運的補償。

遇見安德柔瑪姬

拉辛《安德柔瑪姬》

拉辛的 1667 年作品《安德柔瑪姬》（*Andromaque*），這 350 年來一直是經得起考驗的傑作。在這部劇中，皮胡斯（他的形象柔化許多）並沒有殺死安德柔瑪姬的兒子愛斯台安納克斯。相反，出於對她的愛，他準備迎戰雅典娜，以救下她的兒子。安德柔瑪姬為保護兒子，同意嫁給皮胡斯——她已做好將來自殺的準備。幸運的是，她還沒來得及自殺，皮胡斯就在婚禮過後被奧瑞斯特斯殺死了，寡婦安德柔瑪姬則成了伊庇魯斯的王后。手段高明。

危險的馬魯索斯犬

「馬魯索斯犬 / Molossus」的詞源，正來自安德柔瑪姬和皮胡斯的大兒子「墨洛索斯 / Molossus」。墨洛索斯在母親死後繼承了伊庇魯斯的王位，成了國王，而伊庇魯斯地區的主要希臘部落，後來都稱自己為墨洛索斯的後代（比如，亞歷山大帝的母親奧林匹亞絲就是一名墨洛索斯公主）。而墨洛索斯人在戰場上使用的馬魯索斯犬非常有名，就像維吉爾在《農事詩》（*Georgics*）中所記述的那樣。時至今日，馬魯索斯犬依然是一種相當危險的犬類！

卡珊德拉
Cassandra

永遠不被人相信的預言家

卡珊德拉是一位永遠不被人相信的預言家,在希臘神話中,她的命運異常悲慘。她是特洛伊國王普瑞阿摩斯的女兒,擁有阿波羅所賦予的預知未來的天賦,但同時她也因為受到阿波羅的詛咒,預言永遠都不被人相信。

被阿波羅吐口水到嘴裡

卡珊德拉是特洛伊國王眾女兒中最有魅力的一個,她的美貌堪比「金髮版的阿芙羅黛蒂」,就連眾神中最英俊的阿波羅都愛上了她。因為阿波羅有預知未來的能力,所以他把這項天賦給予了她,以換取她對自己的愛。卡珊德拉心地不壞,可她在履約時,卻忽然收回承諾……難道不怕惹惱神祇?阿波羅為懲罰她說謊,就在她的嘴裡吐了一口口水。由此,她的預言再也沒人相信了……

震驚!

「我早就跟你們說了!」

卡珊德拉預知未來的天賦只讓她徒增悲傷,因為她說服不了任何人。她知曉自己可怕的命運,也知曉她所愛之人的命運,但卻什麼也做不了,更無力阻止任何事發生。多麼折磨人!比如,當所有特洛伊人都渴望拿下那匹巨大木馬時,儘管木馬已明顯散發出敵人藏匿其中的味道,而卡珊德拉作為唯一知道真相的人,也已指出木馬將會毀滅特洛伊,但大家聽聞此言,卻讓她趕緊閉嘴。結果,所有人都死光了。「我早就跟你們說了!」

伊芙琳·德·摩根《卡珊德拉》(局部)
Cassandra|1898|德·摩根基金會|英國吉爾福德
卡珊德拉站在火燒的特洛伊城前,拉著她火焰色的頭髮。

受辱、心碎、被虐待,最後喪失自由

特洛伊在淪陷後經歷了一場野蠻血腥的劫掠,這段期間,卡珊德拉緊緊抱著一尊雅典娜親自製作的神像,然而這只是徒勞,她甚至就在神像腳下遭到強暴(幸好,女神後來為她復仇,將施暴者溺死水中)。她精神上受到重創,還目睹所有親人慘遭屠殺,後來又被當作戰利品送到希臘軍隊首領阿格門儂手上。讓人意外的是,兩人竟然(幾乎)相愛了,在返回阿格門儂的王國前,她甚至還為其生下兩個孩子。

我把眼睛閉起來的話,其實你也還不錯啦

死亡亦是解脫

返鄉途中,卡珊德拉告知阿格門儂,他在踏入家門的那一刻將遭到謀殺。然而,一如以往,他根本不信。阿格門儂的妻子克萊婷一直憎恨他,因為他當年為出征特洛伊,曾把他們的女兒伊菲吉妮亞作為祭品活活燒死。她逼迫情人埃吉斯圖斯去刺殺阿格門儂,與此同時,她也親手將卡珊德拉割喉……在經歷如此多痛苦,卡珊德拉終於獲得解脫!

遇見卡珊德拉

卡珊德拉症候群

「卡珊德拉症候群」(cassandra syndrome)一詞是由加斯東·巴舍拉創造的,意指人們不相信某些合理的警告。不過這個詞語的含義與表達,本身是矛盾的,這種表達既常見又有點奇怪,比如「少玩卡珊德拉那套把戲」,意思是說當我們拒絕聽取某人建議時,就以他會帶來「不祥之兆」當藉口;然而大家卻忘了,當初卡珊德拉的預言可都成真了呀……(#趕快去複習希臘神話)

我預言 3200 年後希臘會遭遇一場金融危機!

是~是~

羅馬名:卡珊德拉 Cassandra
綽號:亞歷山德拉(Alexandra,意即「保護人民之女」)
父親:普瑞阿摩斯
母親:赫秋芭
丈夫:阿格門儂

阿格門儂
Agamemnon

攻打特洛伊的遠征軍首領，邁錫尼國王

阿格門儂是梅奈勞斯的哥哥，也是尤利西斯的朋友，在特洛伊戰爭中曾擔任希臘聯軍統帥。
其實阿格門儂並不適合這樣的角色：他更有意製造爭端，而不是作衝突的仲裁者！
如同他的名字阿格門儂（見 **p99** 詞源），他事實上是個相當頑固的人……

整個家族都很壞

阿格門儂一家人都散發著殺戮和噩運的氣息。他的先祖譚塔洛斯曾殺死兒子，做成午餐獻給神祇。阿格門儂的父親阿楚斯也做過類似的事（＃家族傳統）：他為懲罰與他妻子通姦的哥哥堤也斯，把哥哥的孩子做成柴餚讓其享用，為徹底了結此事，阿楚斯甚至把自己的妻子也殺了；而阿楚斯的哥哥為了報復，讓自己與親生女兒的亂倫之子埃吉斯圖斯將阿楚斯殺死。總之試想一下，出身於一個如此瘋狂錯亂的家庭，阿格門儂怎麼可能是個正常人？

祖先肖像陳列室

大衛《阿基里斯的憤怒》 *The Anger of Achilles* | 1819 | 金貝爾美術館 | 美國沃斯堡
阿格門儂騙妻子說會讓女兒伊菲吉妮亞與阿基里斯訂婚，接著他將妻子支到一旁；實際上他為打贏特洛伊戰爭，需將女兒獻祭給阿特蜜斯。最左為阿基里斯，他聽聞真相後非常憤怒。

親愛的，我把孩子減少了

阿格門儂的童年是在如此瘋狂的環境下度過，長大後的他難免有點精神失常。當他渴望佔有麗妲美麗的女兒克萊婷，而她又已嫁給自己的堂兄譚塔洛斯（這是家族姓氏）時，他覺得將堂兄與剛生下的寶寶一起殺死，是再正常不過的。克萊婷當然不這麼想，然而慘劇發生後，她還是為阿格門儂生了四個孩子。後來狩獵女神阿特蜜斯要阿格門儂為其獻祭，他為取悅女神，竟把自己的女兒伊菲吉妮亞放上柴堆活活燒死，於是克萊婷發誓一定要為此復仇……

燒掉女兒，進攻特洛伊

阿格門儂曾答應弟弟梅奈勞斯，若有誰傷害他和他高貴的妻子海倫，自己一定會出手。因此，當特洛伊王子帕里斯帶走海倫時，他擔任起聯軍統帥，要讓特洛伊付出代價。然而出發之際，聯軍卻差點被困在港口，只因他吹噓自己在打獵時，殺死了一頭連狩獵女神阿特蜜斯都追不上的雄鹿，這可惹惱了女神。他不得已必需將女兒燒死獻祭，付出血的代價，才換來可以起錨的風。他終於可以進軍特洛伊了，一場十年後才能結束的戰爭由此開啟（尤其是他還做出各種蠢事，讓戰爭持續這麼久！）。

任性的聯軍統帥

阿格門儂作為統帥，顯得太過血氣方剛（喜歡看大家為他的愚蠢流血？）。有一次他俘虜一名阿波羅祭司的年輕女兒克律塞伊斯，這位父親苦苦哀求他放過女兒，阿格門儂不肯，這就惹得神祇不滿，於是一場鼠疫降臨希臘戰場。多虧尤利西斯，阿格門儂最終同意將克律塞伊斯送還，但作為交換，他要求得到阿基里斯心愛的俘虜布里塞伊斯，這件事又引起阿基里斯震怒，於是阿基里斯決定罷戰，並請求宙斯讓希臘人接連失利。希臘人此後在戰場上的無謂傷亡，都要怪到這位差勁統帥的頭上，他太任性啦！

歡迎回家！

攻下特洛伊城後，阿格門儂俘虜了普瑞阿摩斯國王美麗的女兒卡珊德拉。卡珊德拉是一個被詛咒的預言者，她警告阿格門儂要小心妻子克萊婷。但阿格門儂並不想聽，他返回邁錫尼，重新見到家人十分欣喜，絲毫未料到妻子和她的情人埃吉斯圖斯早已計畫好要謀殺他。由此，阿楚斯家族的詛咒又傳到阿格門儂的兒子奧瑞斯特身上，因為七年之後，他將為父親復仇，殺掉母親和她的情人……永無止盡的循環！

遇見阿格門儂

阿格門儂的面具

考古學家施里曼在 1871 年發現特洛伊戰爭遺址，證明傳說絕不僅僅是傳說而已。接著他到邁錫尼遺址展開調查，同樣做了挖掘。他不僅讓一件華美的黃金陪葬面具重見天日，還堅持自己發現了阿格門儂的屍骨。事實上，我們後來知道，這張面具的製作時間比特洛伊戰爭早了約 350 年，但它仍被叫作「阿格門儂的面具」。

「阿格門儂的」黃金面具 | 西元前 1500 年 | 雅典國家考古博物館 | 希臘雅典

梅奈勞斯
Menelaus

斯巴達國王，海倫的丈夫

與哥哥阿格門儂不同，梅奈勞斯還是比較討人喜歡的。
可能是因為我們總會對那些被妻子背叛的男人深表同情，而且，梅奈勞斯似乎還總是被人騙來騙去的！

從前從前……

起初，梅奈勞斯的人生一帆風順，他甚至成功娶到全希臘最美的女人——斯巴達國王的女兒海倫，惹得三十幾個國王非常羨慕。另外，他還得到了這些：第一，那些敗下陣的求愛者對他發誓，如果他未來因妻子而遭遇禍端，立誓者都會站出來捍衛他；第二，他獲得了斯巴達王位！這是在被綠之前的絕佳好運嗎？婚後，他與海倫在斯巴達過著幸福快樂的日子，還生下很多孩子（確切來說是三個）……然而，故事才剛剛開始。

遇見梅奈勞斯

奧芬巴哈的滑稽歌劇

如大家所料，梅奈勞斯這位被戴綠帽的丈夫形象，為這齣 19 世紀輕喜劇提供了不少元素，人們總是不吝調侃那些「把老婆與第三者分享」的角色。在這齣滑稽歌劇《美麗的海倫》（La belle Hélène）中，梅奈勞斯被大大醜化，他哥哥阿格門儂和預言者卡爾卡斯甚至要他為希臘的美好未來犧牲……梅奈勞斯尊重他們的意見，死掉了。

奧芬巴哈《美麗的海倫》中的米歇・布拉瑟（Michel Brasseur，飾梅奈勞斯）和朱麗葉・西蒙-吉哈爾（Juliette Simon-Girard，飾海倫）｜1900 年 2 月｜《劇場》（Le Théâtre）雜誌封面圖

妻子被奪走

某天，梅奈勞斯迎來一位客人，特洛伊年輕且無比英俊的王子帕里斯。他並不知道，帕里斯已得到阿芙羅黛蒂的承諾，自己高貴的妻子海倫註定會愛上這位客人。且不巧的是，此刻他不得不去克里特島參加外祖父的葬禮。他剛離開，帕里斯就趁機搶走海倫，把她帶回特洛伊……絕望的梅奈勞斯不得不召集所有曾發誓捍衛他的國王，組建了一支軍隊，並把統帥的位置交給哥哥阿格門儂。

武器不對等的決鬥

不難猜想，梅奈勞斯一到特洛伊，就馬不停蹄地尋找帕里斯，想把他撕成碎片。有一天在戰場上，他向帕里斯猛衝……但結果，帕里斯的懦弱程度不亞於他的美貌，他竟然躲到哥哥赫克特腳下。高貴的赫克特要求他上前迎戰，並與梅奈勞斯約定，以海倫為賭注，對決之後，戰爭終止。梅奈勞斯差點就贏了，可就在他即將置帕里斯於死地時，阿芙羅黛蒂將帕里斯捲進一團烏雲帶走了。不公平！

吉哈・馬賈克斯
（Gérard Majax，
法國魔術師）

超級大好人？

戰爭結束後，雖然梅奈勞斯這個小乖乖的戰績不如其他國王，但是他仍被公認是一個忠誠的朋友（他保護並奪回了帕特羅克斯的遺體），且仗義散財（他原諒一名在賭博時出老千的對手，甚至還把獎金讓給他）。太善良了吧！不光如此，當他重新見到他那位因勾搭別人而引發戰爭、當著全希臘人面羞辱他十年的妻子時，非但沒有殺死她，還原諒了她，並把她接回斯巴達。他甚至沒像其他所有國王那樣，找個情婦作為戰利品帶回來！梅奈勞斯真的太善良了。

《梅奈勞斯扶起帕特羅克斯的屍體》Menelaus Carrying the Body of Patroclus｜西元 1 世紀（羅馬時代複製品，原作創作於西元前 3 世紀的希臘時代）｜傭兵涼廊｜義大利佛羅倫斯

阿格門儂 Agamemnon
詞源：頑固、執念
父親：阿楚斯，邁錫尼國王
母親：艾羅佩，克里特島公主

梅奈勞斯 Menelaus
詞源：人民的支柱
父親：阿楚斯，邁錫尼國王
母親：艾羅佩，克里特島公主

阿基里斯
Achilles

《伊里亞德》男主角

阿基里斯是《伊里亞德》主角，特洛伊戰爭的勝利他功不可沒。
同時他也是令人生畏的對手、刀槍不入的英雄……除了他的後腳跟！

看看那女孩，居然選劍？這傢伙絕對是男人扮的！

阿爾古諾夫《阿基里斯被識破》 Achilles recognised | 1799 | 奧斯坦金諾宮 | 俄羅斯莫斯科
阿基里斯假扮成年輕女孩，卻在偽裝成商人的尤利西斯面前露出馬腳：阿基里斯沒有像其他女孩一樣選珠寶，而是選了劍和盾牌……

阿基里斯的後腳跟

阿基里斯是海洋仙女緹蒂絲之子，他母親曾收留並撫養了那個被從奧林帕斯山拋下的赫費斯托斯。為讓兒子得到永生，緹蒂絲曾用冥河之水浸泡他。她提著他的後腳跟，盡可能把他浸入水中。正因如此，後腳跟成了他全身上下唯一的弱點……後來，她把孩子的教育交給睿智的人馬紀戎，又讓赫費斯托斯為他打造出一副前所未見的華麗鎧甲。準備就緒！

加油，
阿基里斯，
閉氣！

嬰兒泳將

金髮男成了紅髮女

在特洛伊戰爭一觸即發時，希臘人得到一則神諭：如果金髮的阿基里斯不參戰，他們將無法取得這場戰爭的勝利。不過緹蒂絲並不想讓兒子捲入戰爭，她把阿基里斯打扮成女孩模樣，把他藏在國王呂科墨得斯的眾女兒之間，綽號「紅髮女」。然而，狡猾的尤利西斯假扮成商人模樣，前來尋找阿基里斯，他帶來一堆珠寶，供國王的女兒們挑選。眾人中只有阿基里斯在一把漂亮寶劍和一面盾牌前把持不住……身分曝光！

唯我獨尊的最強戰士

正值青春年少的阿基里斯驕矜自滿,毫不惜命。自童年起,他就下定決心,寧可經歷短暫輝煌的一生,也不願沒沒無聞虛度漫漫長日。特洛伊戰爭期間,希臘軍隊的首領阿格門農曾為羞辱他,搶走他心愛的特洛伊女囚布里塞伊斯,阿基里斯怒氣沖天,他的憤怒甚至成為傳說被寫進《伊里亞德》,成了重要篇章:他不只罷戰,還請求宙斯讓希臘軍隊在自己罷戰期間節節敗退……

帕特羅克斯之死

少了阿基里斯,希臘軍隊接連出師不利,儘管尤利西斯和其他國王紛前來請求他重返戰場,阿基里斯仍不為所動,但他仍准許他的表弟暨摯友帕特羅克斯,披上阿基里斯那套繼承自父親佩琉斯的戰甲,讓特洛伊人以為他就是阿基里斯。這一計謀頗為奏效,直到帕特羅克斯忘了自己與阿基里斯的約定,擅自脫離希臘軍隊……特洛伊首領赫克特殺死他,並搶走他的戰甲!

> 他們肯定看不出來!
>
> 大概吧

遇見阿基里斯

Netflix

自 1900 年開始,已經有一百五十多部影視作品把阿基里斯搬上銀幕。Netflix / BBC 在 2018 年推出了改編自《伊里亞德》的影集《特洛伊木馬:傾城》(Troy: Fall of a City),該作的阿基里斯形象,已不再是荷馬筆下那個擁有一頭閃亮金髮的戰士,取而代之的,是一個非洲面孔。這樣的安排無論從歷史學、地理學還是文學的角度來看,是不是都有點荒謬呢?當阿基里斯偽裝成女孩時,也很難解釋為何他的綽號叫「Pyrrha」(紅髮女)!

希臘的後腳跟

顯然我們在人體解剖學也能看到阿基里斯的身影,也就是「阿基里斯腱」(在腳後跟上)。阿基里斯腱斷裂時非常疼痛,以「阿基里斯」來命名這一部位,是對這位偉大英雄的基本致敬!其實,阿基里斯在希臘幾乎被視作神祇,人們甚至為他搭建出祈禱用的神殿。這對一位凡人來說是相當特殊的待遇!奧匈帝國的茜茜公主甚至把她在科孚島的行宮命名為「阿基里斯宮」!

復仇之火,至死方休

帕特羅克斯之死讓阿基里斯極為憤怒,復仇是讓他重返戰場的唯一理由。當他殺死赫克特,他便將赫克特的屍體繫在戰車後方,拖著他在特洛伊城牆外繞行三圈。第二天,阿基里斯的怒火持續燃燒,他燒死十二名特洛伊人質為帕特羅克斯陪葬,然後拖著赫克特的屍身又繞城三圈。所有特洛伊人都為這場殺戮痛哭,而他如此對待一位英雄的屍體,甚至惹怒諸神。阿基里斯不得不讓步,把屍體還給赫克特的年邁父親,讓他終得安葬。

致命的後腳跟

根據預言,赫克特的死將帶來雙重後果:阿基里斯將迅速死去,特洛伊城也將被攻下。預言成真:1. 赫克特的弟弟帕里斯為了復仇,在阿波羅的暗助下朝阿基里斯射了一箭,正中他全身唯一弱點的腳後跟,阿基里斯隨即死去;2. 經歷了十年戰爭,希臘人佯裝放棄和離開,卻在身後留下一匹木馬……後來發生的事,你懂的!

> 布萊德～
> 我愛特洛伊
> 但更愛你
> #文字遊戲
> (法文「特洛伊/Troie」音近「你/toi」)

沃夫岡・彼得森《特洛伊:木馬屠城》｜布萊德・彼特飾演阿基里斯｜2004
金髮美男飾金髮美男!

> 羅馬名:阿基里斯 Achilles
> 詞源:讓人民悲傷
> 綽號:紅髮女
> 父親:佩琉斯,密爾彌冬人的國王
> 母親:緹蒂絲,海洋仙女

阿賈克斯
Ajax

《伊里亞德》中的希臘戰士

硬漢阿賈克斯是一位相當會記仇的英雄,雖說他沒有阿基里斯那麼驍勇善戰,
也不如尤利西斯那般詭計多端,可他仍是特洛伊戰爭中最偉大的英雄之一。
其戰績輝煌,荷蘭著名的「阿賈克斯足球俱樂部」會以阿賈克斯作為品牌形象,不是沒有道理。

高露潔 Ajax 清潔劑廣告 | 1960 | 英國

希臘名:埃阿斯 Aias
綽號:亞該亞人的城牆
父親:鐵拉蒙(一位阿果英雄)
曾祖父:宙斯(我們對此表示懷疑)

運動員風度

阿賈克斯是薩拉米斯島的國王,十分高大英俊,甚至被圍困的特洛伊人,都能在城牆上一眼將他認出。在整個特洛伊戰爭期間,他從未受過傷,後來一對一迎戰特洛伊英雄赫克特時,要不是宙斯在最後關頭用一團烏雲將赫克特藏起,保護了他,阿賈克斯本可將他打敗。頗有騎士風度的阿賈克斯於是宣布兩人平手,並和赫克特交換武器(就像足球運動員賽後互換球衣!),他也因此得到一把漂亮寶劍。

輸給尤利西斯

他的競爭對手阿基里斯上場對戰赫克特後,緊接便被人一箭擊中後腳跟身亡,阿賈克斯把他的屍體帶回營地。因為他是最強大的勇士,又是阿基里斯的朋友,他認為自己應當繼承阿基里斯那套有名的、由赫費斯托斯親自打造的戰甲裝備,但尤利西斯也想得到它。最後他們請特洛伊戰俘作裁決,戰俘們認為尤利西斯才是最可怕的戰士,因為他最狡猾……阿賈克斯,被降到了乙級聯賽!

遇見阿賈克斯

居家清潔劑

由於阿賈克斯的強悍形象，高露潔在 1947 年以他的名字推出了居家清潔劑系列。為什麼？正如它的廣告 slogan：「比頑垢更強大」！非常符合邏輯，阿賈克斯幾乎比誰都強，所向披靡，沒人能殺死他，除了他自己（後來也確實發生了）。曾與赫克特鏖戰過的他，家庭頑垢必是手到擒來！

足球

一個多世紀來，阿賈克斯足球俱樂部（AFC Ajax）一直把戴著頭盔的阿賈克斯（Ajax）頭像作為自己的品牌 logo，早在 1894 年，他們便已選用「Ajax」這個名字。相信當時的足球運動員要比如今更有文化（這有很難嗎？）。此後，阿賈克斯足球俱樂部的「阿賈克斯」，比那個鐵拉蒙的兒子「阿賈克斯」更為人所知……期盼「逆轉勝即將到來」，就像法蘭克·里貝里（法國足球明星）說的那樣！

雅典人的同化政策

阿賈克斯是薩拉米斯島的擁有者，這裡有獻給他的神殿、雕像與節日。西元前 480 年雅典人奪取了薩拉米斯島，為徹底同化該島，憑空為阿賈克斯捏造出一個名為「阿伊克斯」的祖父，使他成了阿基里斯表親；有些雅典的偉人，如歷史學家修昔底德，或是政治家阿西比亞德，都聲稱自己是阿賈克斯的後代。

喬凡尼·德·敏《阿賈克斯》 *Ajax*｜19 世紀｜貝盧諾市立博物館｜義大利貝盧諾
比起阿賈克斯，特洛伊人更畏懼奧德修斯，認為奧德修斯才夠資格使用阿基里斯的戰甲，阿賈克斯因此覺得受到冒犯。

綿羊大屠殺

阿賈克斯因失望而陷入瘋狂，他無法忍受聰明的尤利西斯比自己更受歡迎，更氣人的是，阿基里斯那套精妙絕倫的武器裝備就這樣被尤利西斯「搶走了」，阿賈克斯一直認為只有自己配得上它們。他當時從帳篷氣沖沖走出，準備殺掉所有希臘軍隊的首領，那可是他的同盟啊！幸好雅典娜將他的瘋狂轉到一群綿羊身上，讓他以為那群綿羊是自己盟友，他將牠們一一割喉……等阿賈克斯恢復理智，見到自己的所作所為，便拿起赫克特留給他的劍，自殺了。英雄的結局竟如此淒慘！

殺了這麼多，該怎麼辦啊？

來做烤肉串吧

愛記仇！

關於阿賈克斯的葬禮，曾在希臘人中引起熱議。對於一個曾想殺死你的人，究竟要不要為他舉辦葬禮？希臘各軍隊首領普遍不同意，但尤利西斯並不記仇，他說服眾人埋葬阿賈克斯，讓他得以安息。諷刺的是，阿賈克斯仍一直懷恨在心（真的是不該）。當他後來與尤利西斯在冥府重逢時，還拒絕和他說話！真是如夢一場：「阿賈克斯清潔劑可以清除一切」，卻清除不了心中的執念……

尤利西斯
Ulysses
伊薩基國王

希臘神話中最著名的英雄終於登場了！神機妙算的尤利西斯、驍勇善戰的尤利西斯、賢明智慧的尤利西斯、深得雅典娜喜愛的尤利西斯……英雄二字簡直就是為尤利西斯發明的，也因此，他的死亡便被視為是英雄時代的結束。

特洛伊戰爭的十年間，他一直在奮戰，戰爭結束後，他又花了十年時間尋找自己的妻子潘妮洛普和兒子特勒馬庫斯。

萊昂・貝利《尤利西斯和賽蓮女妖》*Ulysses and the Sirens*｜1867｜桑德林博物館｜法國聖奧梅爾

借鑑了安格爾的構圖和魯本斯的女妖表現手法（此作對女妖的描繪，與羅浮宮的那幅魯本斯著名畫作《瑪麗皇后在馬賽港登陸》（*The Arrival of Marie de Medici at Marseille*）簡直一模一樣）。但這幅作品於 1867 年在沙龍展出時卻遭受惡評。幸運的是，拿破崙三世得到這幅作品，並將它作為禮物送給聖奧梅爾市！

參戰特洛伊

尤利西斯是伊薩基小島的國王，他深愛著自己的妻子潘妮洛普和兒子特勒馬庫斯。因此，當梅奈勞斯國王前來召喚，要他履行承諾加入特洛伊戰爭，以奪回被特洛伊王子帕里斯劫走的美麗王后海倫時，尤利西斯為逃避這場戰爭，不惜裝瘋賣傻，他跑去耕種自家的田地，把鹽當作種子撒進土裡……可當他的孩子被人放到他的犁前時，他卻繞過孩子。就這樣，他的詭計被識破了。

希臘聯軍的智將

在特洛伊戰爭期間，尤利西斯表現出驍勇善戰的英雄本色，不僅如此，他也是最受希臘各國王賞識的英雄，因為每當他們發生紛爭時，尤利西斯總能站在最客觀的角度，作出合理仲裁。眾人多次請他出面緩解戰爭的緊張局勢，而他那徹底改變戰局的特洛伊木馬計策尤為著名。特洛伊人也明白，尤利西斯才是整個希臘聯軍中最令人生畏的對手，他明顯是最聰明的那一位，也恰是這點，令驕傲自大的阿賈克斯憤怒不已。

特洛伊木馬屠城

特洛伊戰爭持續至第十年，尤利西斯心急如焚，他想早點回家與家人團聚。於是，為結束戰爭，他想出一個絕妙主意。他命人製造了一匹巨型木馬，令希臘士兵躲在裡面，然後讓其他希臘人裝出放棄圍攻特洛伊的假象。天真的特洛伊人被一個間諜蒙騙，他們看見城牆下的木馬，以為那是祭神的禮物，就把木馬推進城中……這一事件預示著特洛伊城的陷落和希臘人的勝利。

限時贈品
裝載士兵的木馬

奧德賽

《奧德賽》講的是尤利西斯（希臘名為奧德修斯）在特洛伊戰爭結束後的種種冒險經歷，
它被譽為文學史上最偉大的作品之一，以及「歐洲文明的奠基之作」，足見這部作品有多重要！

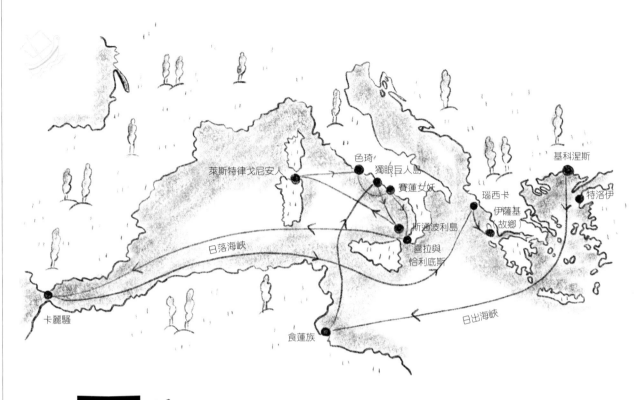

第一章 ✗

基科涅斯人你惹不起

特洛伊戰爭一落幕，興奮的尤利西斯就登船返航了，他率領一支由十二艘船組成的艦隊，揚起風帆向伊薩基駛去。途中，他們繞了一個小彎，搶劫了特洛伊盟國基科涅斯城邦，並屠殺當地的百姓（＃古代版自由行）。尤利西斯把搶來的女人和金銀財寶分給了夥伴，他本想馬上登船起航，好避開報復，誰知他的夥伴都痴迷於縱情享樂，不願離開。真是個錯誤！倖存的基科涅斯人很快便帶援軍殺回，這下子尤利西斯不得不立即動身，不僅扔下戰利品，他的六十幾名部下也慘死海灘。遊客慘遭不測！

✗ 第二章

食蓮族的忘憂果

從基科涅斯人那裡逃出後，尤利西斯和他的夥伴遭遇猛烈的暴風雨，船隻被迫朝非洲方向駛去。最後，他們在食蓮族的海灘登陸了。當地人只吃一種名為忘憂果的食物，雖說他們熱情好客，但他們吃了忘憂果就會沉浸在忘憂狀態，還會喪失所有意志。尤利西斯意識到危險，強行拉走了那些已品嘗忘憂果的同伴，重新登船出發。

旅遊紀念品

奧德賽

第三章
（第 1 集）

不太好客的波呂斐摩斯

尤利西斯和同伴們後來抵達獨眼巨人島，為了活下去，他們請求一位名叫波呂斐摩斯的可怕巨人讓他們留宿，結果巨人把他們和羊群一起關進自己的洞穴，並用一塊小山般的巨石封住洞口。接著，他抓走其中兩個人，砸碎他們的腦殼，把他們的身體一點一點吞進肚子，後來巨人總算睡著。簡直惡夢一場。尤利西斯卻不能趁他睡著時殺掉他，因為只有波呂斐摩斯才能把洞口的巨石推開……

咚！咚！有人嗎？

第三章
（第 2 集）

灌醉波呂斐摩斯

被嚇壞的尤利西斯，只能等到波呂斐摩斯第二天醒來，吃掉兩名同伴（早餐要吃，營養均衡！）然後出去牧羊時，才能抓住機會展開復仇。趁波呂斐摩斯不在，他磨尖一根木樁，然後藏起來，當巨人趕著牲口回來，享用一頓新的人肉晚餐時（又有兩個同伴犧牲了），狡猾的尤利西斯便說自己叫「沒有人」（Outis），為其斟酒。波呂斐摩斯喝得酩酊大醉，對「沒有人」的侍奉很感激。

人肉大早餐

蠢蛋的晚餐

「沒有人」傷害我

是是，對來，喝一杯

第三章
（第 3 集）

沒有人戳瞎波呂斐摩斯

波呂斐摩斯剛睡著，尤利西斯就和同伴們把木樁烤熱，將滾燙的木樁插進巨人眼睛。巨人痛得狂叫，其他獨眼巨人聞聲趕到被封住的山洞洞口，卻因為他一直喊著「沒有人傷害我」，同伴們聽後便離開了，嘴裡還嘟囔著不該反抗諸神賜予的痛苦。波呂斐摩斯打開洞穴，尤利西斯和夥伴們逃出來藏到公羊的肚子裡。不幸的是，尤利西斯竟荒唐地想復仇，他衝著波呂斐摩斯喊出自己的真實名字。剛一喊出，他的名字就被波呂斐摩斯詛咒了，他要父親波賽頓殺掉尤利西斯，或至少要殺掉他所有同伴……

佩萊格里諾・蒂巴爾迪《波呂斐摩斯失明》（壁畫細部）*The Blinding of Polyphemus* | 1550 | 波吉宮博物館 | 義大利波隆那
躺在床上的波呂斐摩斯被木樁刺中。

106　英雄史詩

第四章

風神為我送風

尤利西斯的十二艘船來到風神埃俄羅斯的地盤。風神很好客，送給尤利西斯一只羊皮袋，裡面藏著所有暴風。他放出和風，帶領尤利西斯盡快回家。尤利西斯非常興奮，連續十天親自掌舵，不肯鬆開舵盤。結果，眼看就要抵達伊薩基海岸時，尤利西斯卻一個不慎睡著了。他的同伴以為那只羊皮袋必是裝著金銀財寶，便趁他睡著時打開袋子。這下，駭人的暴風發威，直接把他們又吹回了埃俄羅斯。這下風神才明白，尤利西斯必是遭受詛咒，於是他毫不猶豫直接把他們趕走。狂暴的風啊！

第五章

比較懂禮數的巨人

尤利西斯和同伴滿懷沮喪，因為本來他們已非常接近家鄉了。接著，他們又來到萊斯特律戈尼安人的海港。海港兩側是高聳的懸崖，十二艘船中有十一艘都駛進了水面平靜的港灣，唯有一向審慎的尤利西斯堅持要把船停在港口外。尤利西斯派了三個偵察兵先到海灘上摸清狀況，結果他們被國王女兒帶去宮殿。誰知國王也是一位巨人，剛見到他們就抓起其中一個吞進肚子，緊接著國王又叫來同伙，朝他們的船隻扔石塊，結果十一艘船上的士兵們全被砸死了，唯有尤利西斯和剩下的同伴得以駕著最後一艘船逃生。

喔～孤獨的船長啊

#黃金恆久遠

我是不是變胖了？

暴風袋

第六章

（第 1 集）

綽號「猛禽」的色琦

經歷如此多悲劇，尤利西斯心中陰影不小，他們駕著僅剩的一艘船又抵達下一座島嶼。不過他和同伴都已精疲力竭，只顧趴在岸上暗自垂淚。他們由於害怕，不再敢登島一探究竟，擔心會再次落入那些食人巨人手中（你們懂的！）。事實上，一個幾乎同樣可怕、甚至更惡劣的險境正等著他們：美麗誘人的女巫色琦，會把客人們變成動物（獅子、狼、長頸鹿等），卻讓他們保留人類靈魂！最初尤利西斯的幾個同伴，就喝了她的藥水變成了豬⋯⋯

第六章

（第 2 集）

女巫心中藏著小仙女

幸運的是，荷米斯決定把尤利西斯從色琦手中救出。他在尤利西斯的藥水中加入解藥，並教他如何威脅色琦，把其他同伴變回人形。後來色琦變得和藹可親，尤利西斯和同伴們在島上吃喝玩樂，度過了平靜的一年。但是當尤利西斯請求女巫放他們離開時，美麗的女巫建議他先去詢問一下古希臘最有名的神祇忒瑞西阿斯的意見，而這位神祇在很多年前就已經死去了⋯⋯

接通死者

福塞利《忒瑞西阿斯向奧德修斯預言未來》
Teiresias Foretells the Future to Odysseus | 1800 |
加地夫國家博物館 | 威爾斯加地夫
為得到神祇的預言，尤利西斯手持利劍，保護珍貴的招魂術藥水。

第七章
（第 1 集）

招魂術

失明的神祇忒瑞西阿斯故去已久，為得到他的意見，尤利西斯不得不用色琦給他的配方（主要原料為鮮血和牛奶），通過一種神奇的咒語儀式，喚回死者的靈魂：這就是人們所說的「Nekyia／招魂術」。所有亡靈都樂於見到尤利西斯，他也得以跟許多亡者對話，比如他的母親。特別的是他見到英雄阿基里斯的亡魂，阿基里斯告訴他，自己寧願當一個活著的最貧窮的農夫，也不想當這天堂中的國王……一句話總結：「死掉可不妙。」最好小心點！

尤利西斯能力評比

☑ 意志
☑ 勇氣
☐ 管理能力

0/20

第七章
（第 2 集）

忒瑞西阿斯與色琦的預言

真讓人想不透，為什麼尤利西斯要大費周章去聽亡者忒瑞西阿斯的預言，尤其不久之後，人在現世的色琦還給出了一模一樣的預言：未來，尤利西斯及其同伴絕不能去偷吃獻祭給太陽神的聖牛，否則必死無疑。當他們後來真的抵達聖牛之島時，你覺得尤利西斯會把這一預言告訴他同伴嗎？當然不會。他只是明令禁止他們吃聖牛，儘管他知道若他們不吃就會餓死。結果很明顯，同伴們不明白其中玄機，沒有服從尤利西斯的命令。尤里西斯真是害人不淺！

賽蓮女妖進化

新造型
我喜歡！

第八章

賽蓮女妖的歌聲

尤利西斯並沒有向同伴們交代預言的事，在他們全部死光前，色琦決定指引他們如何從賽蓮女妖的手中逃出：與我們熟知的美人魚不同，這些女妖是一些長著女人腦袋的猛禽，會用美妙的歌聲誘惑男人，然後將其吞食。早有準備的尤利西斯用蠟封住水手們的耳朵，並讓大家把他綁在桅桿上，這樣他即使聽到女妖的歌聲，也不必擔心自己會跳下船舷，一舉兩得！

沃特豪斯《尤利西斯和賽蓮女妖》*Ulysses and the Sirens* | 1891 | 維多利亞國家美術館 | 澳洲墨爾本
與這幅作品所描繪的不同，女妖們並不會飛。幸好不會！不然她們早就用爪子把水手撕爛了。

帕爾默《卡麗騷之島：尤利西斯離開，與卡麗騷永別》 *Calypso's Island, Departure of Ulysses, or Farewell to Calypso* ｜1848–1849｜惠特沃斯美術館｜英國曼徹斯特

第九章
（第1集）

喜拉與恰利底斯

色琦還告訴尤利西斯如何破解一個可怕困境，如今「Between Scylla and Charybdis」（在喜拉與恰利底斯之間）這一俗語便是由此演變，意思是「進退兩難」。當時在他們面前只有一條狹窄通道，一側是喜拉，牠是一隻六頭怪物，一口能吃掉六個人；一側是怪物恰利底斯，每天會三次吞沒周圍的所有海水，不會吐出任何活物。顯然我們會覺得，他們只需等到恰利底斯吞進海水的瞬間快速通過就好。然而，尤利西斯寧願選擇靠近喜拉，犧牲六個同伴。這樣更慎重。

你們抽籤決定一下

第九章
（第2集）

卡麗騷之戀

歷經種種危險，尤利西斯率領著七零八落的隊伍抵達太陽神赫利歐斯的島嶼，同伴們趁他睡覺時偷吃了聖牛。正如預言所示，這些水手在隨後而來的一場暴風雨中全死了。尤利西斯作為唯一倖存者，乘著一艘木筏在海上漂流，最後漂到美麗的寧芙仙女卡麗騷的小島。仙女愛上他，想讓他留下來作自己丈夫。為了不讓他離開，仙女甚至願意幫他獲得永生能力，可尤利西斯更想返回家鄉與妻兒團聚（浪漫！）。然而，這並不代表他沒跟卡麗騷生下一個孩子（突然沒那麼浪漫了）。漫長的七年過去了，諸神命卡麗騷放尤利西斯返鄉。心碎的仙女於是幫他造了一艘木筏，與他永別。

第十章

遇見瑙西卡

尤利西斯此後又遭遇了無數暴風雨，因為波賽頓為了復仇，仍窮追不捨。他終於抵達希臘海岸，並在伊薩基附近的菲西亞落腳，這裡是國王阿爾辛諾斯的地盤。此時的他已滿身汙穢、赤身裸體、毛髮蓬亂，就連路過的年輕姑娘見到都嚇得驚叫逃開。唯有國王女兒瑙西卡被雅典娜賦予了勇氣，她幫助尤利西斯沐浴更衣，然後把他帶到父母面前，讓他完整講述自己的遭遇。大家都被他的故事打動，阿爾辛諾斯命人載著滿船金銀財寶陪他返鄉……人生逆轉勝！

洗過澡後也是人模人樣嘛！

這是「英雄歸來」
該有的打扮嗎……

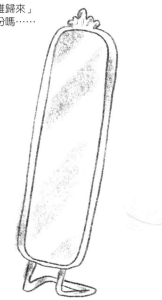

第十一章

忠犬阿果斯

你們可能覺得故事發展到這一步，尤利西斯的返鄉之旅總算要結束了吧。但事實遠非如此，他首先得趕走妻子討厭的求婚者，許多年來，他們一直在糾纏美麗的潘妮洛普，非要她在他們中間選一個人作丈夫。有鑑於此，雅典娜把尤利西斯變成一個誰也認不出來的老頭，使他可以隱藏身分返回自己的宮殿，混進那些一直揮霍著他的財富又肆意妄言的諂媚者之間。不過尤利西斯那隻年邁的狗阿果斯還是認出了他，牠等了主人二十年，就算主人化成了老頭也能認出，阿果斯也就此幸福死去（狗狗比人更有人性）。

史賓賽・史坦霍普《潘妮洛普》*Penelope* |
1849 | 個人收藏

前拉斐爾派和象徵主義畫家史賓賽・史坦霍普二十歲時就創作出這幅代表作，當時他在牛津大學讀書，鍾情於《奧德賽》，並為潘妮洛普所代表的忠貞之妻形象深深著迷。

第十二章

求婚者

作為尤利西斯的妻子，潘妮洛普的忠貞之心家喻戶曉，三年來她一直用一個小計謀把每個求婚者拒於門外。她許下承諾，說自己日日都在織布，待她完工之日便會從求婚者中選出一位丈夫。其實，每到夜晚，她便會小心翼翼地把白天織好的布重新拆掉。不幸的是，她的一名女僕揭穿了她。因而，潘妮洛普不得不舉辦一場競賽，選出一位求婚者。她規定誰若能用尤利西斯的弓箭，射穿排成一列的十二把斧頭上的圓環，誰就是她選定的丈夫。其實，聰明的潘妮洛普在此又耍了點小心機：只有尤利西斯本人才有足夠的力量拉開他的弓箭！

我不在的時候
你都在幹嘛？

我三年沒睡，
手指織布織到
滴血，一點事
都沒有喔！

第十三章

二十年後的相會

顯然，所有的求婚者都白忙一場。這時，尤利西斯把一身襤褸衣衫扔到地上，拉開弓，一箭射穿那些斧頭上的圓環。這下所有人都嚇得目瞪口呆，他們認出他了。有些人哀求他，有些人攻擊他。但尤利西斯毫不留情，把他們全都殺掉，他們曾對他的妻子、家庭做出種種侮辱之舉，還預謀除掉他兒子，尤利西斯要為此復仇。現在，他終於和家人團聚，他們緊緊擁抱。二十年過去，尤利西斯心願終了。

寶貝們，與你們
重逢好開心，但
先讓我睡一下

安格爾《荷馬的禮讚》 *Apotheosis of Homer* | 1827 | 羅浮宮 | 法國巴黎
畫中所描繪的古希臘、古羅馬以及安格爾時代的傑出藝術家，都曾從《伊里亞德》（左側紅衣女子）和《奧德賽》（右側綠衣女子）中汲取靈感，創作文學和繪畫作品。他們聚集在失明的吟遊詩人荷馬身邊，詩人頭頂有寓意著榮光的桂冠。安格爾以這樣的方式，來象徵荷馬筆下兩部傑作帶給世人的無限靈感。在這四十六位藝術家中，我們能認出左側身著紅衣的但丁，以及右下方正注視著我們的莫里哀。這幅畫作使得原本被視為改革者的安格爾，得以進入最純粹的古典主義畫家行列，與其境遇相反的是，他的頭號對手德拉克洛瓦，在 1827 年的同一場沙龍裡，展出了他的《沙丹納帕勒斯之死》（*The Death of Sardanapalus*）。

流芳百世的《奧德賽》

《奧德賽》享有極高盛譽，它的名字早已成為我們日常用語的一部分（「奧德賽」如今是「冒險」或「奇遇」的近義詞！）。近三千年來，受它啟迪的文學鉅作數不勝數（正如上圖安格爾畫作中所展現的那樣）。例如杜·貝萊最著名的一首十四行詩的開頭：「有過遠遊的人，一如尤利西斯，當是何等幸福……」所有法國學子都讀過這段。相較而言，讀過喬伊斯《尤利西斯》（*Ulysses*）的人就少多了，或者更確切地說，很少有人能讀完，這是一部在探討記憶以及身分無常的普魯斯特式作品。坦白說，要讀完它還真是一場奧德賽。

尤利西斯在 31 世紀

在神話類動畫《宇宙傳說尤利西斯 31》（*Ulysses 31*）中，希臘神話英雄和其他角色的傳奇，都被放到了 31 世紀，這樣的情節怎能讓人忘記？其中飛船的靈感來自著名的《2001：太空漫遊》（*2001: A Space Odyssey*）中的 HAL 9000，而你能想像尤利西斯送給兒子特勒馬庫斯的禮物是一台小機器人 Nono 嗎？

探險家庫斯托的卡麗騷號

海洋仙女卡麗騷的名字有沒有讓你想起什麼？它是法國探險家庫斯托船長那艘神祕的海洋探索艦的名字，他愛這艘艦艇，就像男人愛女人一樣。1951 年至 1996 年，他駕駛這艘艦艇在全世界的海域做科學考察，在完成幾乎長達半世紀的榮耀之旅後，艦艇才沉入海中。一年後，庫斯托也離世了。這是偶然還是與愛船間的默契呢？

《奧德賽》的衍生用語

「在喜拉與恰利底斯之間」意指從一個險境跌入另一個險境；法語中「潘妮洛普之布」（toile de Pénélope）意指永遠完成不了的工作；「特洛伊木馬」（Trojan horse）則是一種病毒程式，會在使用者毫無察覺下入侵電腦植入病毒！符合邏輯。

阿伊尼斯
Aeneas

「新特洛伊」的締造者，古羅馬文明的奠基人

阿伊尼斯是古希臘時代的最後一位英雄，也是古羅馬時代的第一位英雄。

作為阿芙羅黛蒂的兒子、特洛伊國王普瑞阿摩斯的女婿，同時也是特洛伊戰爭後唯一倖存且擁有自由的特洛伊人，

他被諸神派去義大利重建一座新的特洛伊城，也就是後來的羅馬帝國……

蓋翰《阿伊尼斯向蒂朵講述特洛伊城的災禍》*Aeneas tells Dido of the Misfortunes of Troy* | 1815 | 羅浮宮 | 法國巴黎

守不住祕密的安紀塞斯

阿伊尼斯是普瑞阿摩斯英俊的表兄安紀塞斯的兒子。安紀塞斯年輕時富有魅力，就連阿芙羅黛蒂都為之神魂顛倒，女神甚至喬裝成一位公主，只為與他共度良宵。翌日清早，阿芙羅黛蒂向他宣佈了兩件事：第一，他們將有一個孩子，未來會成為英雄；第二，她其實是愛神。這一覺醒來壓力有點大喔！安紀塞斯本該守住祕密，可顯然他太想炫耀一下了。有一天他便忍不住說出去……結果宙斯為懲罰他，朝他的腳踝擲出一記閃電。從此，他就成了個瘸子。

不是我在說，
阿芙羅黛蒂
和我有一腿！

與特洛伊永別

阿伊尼斯由人馬紀戎撫養長大，長大後成了特洛伊最勇敢的守護者之一，後來他娶了國王普瑞阿摩斯的女兒克柔薩，並生下兒子尤魯斯。阿伊尼斯擁有母親阿芙羅黛蒂與其他諸神的保護和寵愛，他本想為守護特洛伊戰死沙場，然而，他的母親提醒他不要忘記自己的使命：去義大利締造一座新的特洛伊城。於是，在特洛伊淪陷成為一片火海時，他背著跛腳的父親，帶上家裡的灶神，拽著兒子，成功逃走了……

蒂朵的絕戀

歷盡七年的艱難流亡，阿伊尼斯在迦太基遇到了美麗勇敢的女王蒂朵。某天，因為一場大雨，兩人被困在一個山洞裡（＃這不是《傲慢與偏見》嗎）：彼此愛慕，激情爆發。然而，蒂朵若是嫁給異域之人，便難以向她的臣民交代，阿伊尼斯也有自己的使命需要完成。最終，阿伊尼斯聽從阿芙羅黛蒂的召喚，決心繼續完成自己的任務，就在他放棄蒂朵那刻，蒂朵也聽從愛人的意志。而當她看著阿伊尼斯的船漸漸行漸遠，也自行了斷了生命……

愛在山洞裡

創建阿爾巴隆加

儘管討厭他的女神赫拉（其實她討厭全世界，尤其討厭特洛伊人）設置了重重阻礙，阿伊尼斯最終還是平安抵達義大利。在那裡，他下到冥府，向幾年前已故的父親亡靈討教，父親為他預示羅馬帝國的光輝未來，並一直講到了奧古斯都皇帝。阿伊尼斯還見到了蒂朵亡靈，她仍無法原諒他當初的拋棄……後來，阿伊尼斯與拉丁國王聯盟，娶了國王女兒。再後來，阿伊尼斯的兒子尤魯斯創建了阿爾巴隆加，也就是羅馬城的前身。一場偉大的傳奇就此拉開序幕，屬於羅馬人（而不再屬於希臘人）的英雄們登場了！

貝尼尼《阿伊尼斯、安紀塞斯和阿斯卡尼烏斯逃離特洛伊》 Aeneas, Anchises, and Ascanius｜1618｜博爾蓋塞美術館｜義大利羅馬

貝尼尼這件華美的雕塑作品著重隱喻人物對家族觀念的虔誠。逃離特洛伊的阿伊尼斯扛著他殘疾的父親，而他父親又托舉著羅馬人心中的家庭之神──灶神的雕像。在此我們得以見到作品的嵌套形式：雕像中又有雕像。小小的尤魯斯（亦名阿斯卡尼烏斯），因恐懼而躲在父親身後，手上還握著家族聖火──作為祖父與父親的繼承者，他當之無愧！

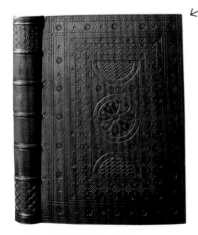

維吉爾《阿伊尼斯紀》封面

遇見阿伊尼斯

維吉爾《阿伊尼斯紀》

萬行有餘的大型史詩《阿伊尼斯紀》足以與 800 年前它所承襲的《伊里亞德》、《奧德賽》相媲美。維吉爾（西元前 70-前 19 年）是奧古斯都皇帝的偉大摯友，他這部長詩旨在講述羅馬帝國的光輝起源，頌揚它的偉大文明。阿伊尼斯便是連接古希臘神話與古羅馬神話的橋梁，連特洛伊的敵人們都為這座城邦的命運動容，而阿伊尼斯接續特洛伊的輝煌，締造出一座全新城邦！

尤利烏斯‧凱撒與七月

阿伊尼斯的兒子尤魯斯（Iulus）創造了「尤利亞 / Iulia」家族，後來這名字演變成「尤利烏斯‧凱撒 / Julius Caesar」的家族姓氏，凱撒甚至因此吹噓自己是尤魯斯的祖母阿芙羅黛蒂的後代！「July / 七月」就是為紀念尤利烏斯‧凱撒命名的，它源自當初那個叫尤魯斯的小男孩。每當你看到七月的時候，請記得想起他！

＃說到七月，就想到大海、陽光和凱撒

蒂朵
Dido

迦太基的締造者蒂朵勇敢且命運非凡。

因此，維吉爾才會在故事中讓她愛上羅馬文明的開創者阿伊尼斯……

透納《蒂朵建設迦太基》 *Dido building Carthage* ｜ 1815 ｜ 倫敦國家畫廊｜英國倫敦

左側身著白衣的就是蒂朵，她站在丈夫墳墓旁，指揮著港口處的宮殿建造，這些宮殿象徵著迦太基的繁榮。右側高處依稀可見畢爾莎城堡。透納在此直接借鑒了克勞德‧洛漢 1648 年的名作《示巴女王登船》（*The Embarkation of the Queen of Sheba*），他甚至要求在國家博物館中把自己的作品掛在克勞德‧洛漢的作品旁！請注意畫中淡紅未落的太陽，這是因為 1815 年的一次火山爆發，使得這顆恆星有好幾個月都染上一層紅色光芒……

逃出提爾國

蒂朵是黎巴嫩的提爾國公主，也是國王畢馬里翁的妹妹。她後來嫁給自己所愛的大祭司亞瑟巴斯，這位祭司比國王富有，比國王權力更大。畢馬里翁嫉妒妹夫所擁有的巨大財富，於是約他去打獵，然後，讓他的妹夫墜下懸崖。好蠢的意外！聰明的蒂朵佯裝用船將丈夫的財富載給哥哥，實則利用這些船隻，帶上自己的親信逃走，遠離了畢馬里翁和提爾國。

超級聰明的女王

蒂朵路過克里特島時，為讓自己的親信娶到妻子，看準機會從島上帶走了八十個年輕女孩。然後，他們抵達了現在的突尼斯。當地土著對她抱有敵意，拒絕出賣土地給她，但宣稱最多只能賣她一張牛皮大小的土地。蒂朵可一點也不笨，她把一張牛皮裁剪成細細的皮條，然後首尾相連，圈出一座城堡大小的地盤，她給城堡取名畢爾莎（Byrsa，「牛皮」之意），這就是後來的迦太基（Carthage，「新城」之意，突尼斯的前身）。很有一套不是嗎？

還有一公里要縫手真痠

夸佩爾《蒂朵之死》 *The Death of Dido* | 17世紀 | 法布爾博物館 | 法國蒙佩里耶

在蒂朵之死的處理上，夸佩爾沒有在希臘羅馬兩版本中做選擇。我們看到王后右手附近有一把短劍，證實了維吉爾的版本；但同時蒂朵又躺在柴火堆上，一如希臘版本所描述的那樣。兩方面都有考慮到！

迦太基地圖

在地理學家斯特拉波看來，迦太基城就像一艘「拋錨的船隻」：面向地中海，港口發達，商業強盛……直到西元前149 年被羅馬人摧毀，夷為平地！

自殺（羅馬版）

據偉大詩人維吉爾的羅馬版神話所述，蒂朵接待了從特洛伊逃來的阿伊尼斯。阿伊尼斯向這位迦太基女王講述了自己的遭遇，蒂朵深受觸動——該來的早晚會來，兩人很快墜入愛河，阿伊尼斯甚至把自己要去義大利開創羅馬文明的神聖使命拋諸腦後。於是，宙斯不得不派荷米斯去提醒他，阿伊尼斯最終放棄了蒂朵，蒂朵為情所傷，最終用利刃穿心自盡。痛心！

自殺（希臘版）

羅馬版中阿伊尼斯的愛情使中世紀詩人大為惱火，他們想告訴大家「真實的故事」：島上土著首領艾爾巴斯給蒂朵兩個選擇——要嘛嫁給他，要嘛他就對迦太基人發動戰爭。蒂朵思念著以前的丈夫，完全不想與這個粗魯的艾爾巴斯結婚，然而此刻她卻承受著來自同胞的壓力。面對兩難處境，她以必須為丈夫服喪為由，請求寬限三個月再作決定。然而等喪期結束，她卻跳入為紀念丈夫而點燃的柴火堆中。

神話知識小測驗

誰與蒂朵之死無關？

A 劍

B 柴火堆

C 法國跨界王派翠克‧塞巴斯坦的循環播放 CD

遇見蒂朵

普賽爾歌劇《蒂朵與阿伊尼斯》

在維吉爾筆下，阿伊尼斯與蒂朵的愛情故事，是為彰顯羅馬帝國的光輝起源，及其友奧古斯都皇帝的偉大。這段動人故事也為普賽爾提供靈感，他於 1689 年推出華麗的歌劇《蒂朵與阿伊尼斯》（*Dido and Aeneas*），該劇隨後成了巴洛克音樂的代表作。劇中，蒂朵擔心她與英俊的阿伊尼斯的愛情若是曝光，將讓臣民們失望，但就在她將此事昭告天下時，阿伊尼斯卻將她拋棄了。蒂朵在自殺前的那首心碎哀歌〈當我在地下長眠〉（When I Am Laid in Earth）中，請僕人記住她，但也請她忘掉自己的命運。

童話《藍鬍子》

「安妮，我的妹妹安妮，難道你沒看到有人來嗎？」這句話有沒有讓你想起什麼？通常會想到童話《藍鬍子》（*Bluebeard*）吧！事實上，這句話借鑒了《阿伊尼斯紀》的情節，當時蒂朵和她的妹妹安娜‧佩倫娜站在畢爾莎城堡中，從高處看著阿伊尼斯正為出發做準備。心碎的蒂朵驚呼：「安妮，你看見他在海灘上迫不及待要走嗎？」（法國童話作家夏爾‧佩羅曾為它加了一句著名回答：「我只看見陽光照出浮塵，青草泛起綠波，除此之外一無所見。」）

《藍鬍子》石版畫

城牆

畢爾莎城堡

港口

今日突尼斯

答案：遠離吶喊的 ok，每個圖都無辜！

羅慕樂與雷慕斯
Romulus & Remus

創建羅馬的攣生兄弟

羅慕樂和雷慕斯是一對攣生兄弟，亂倫之子（就詞源意義而言，亂倫（**incest**）有「不貞」（**unchastity**）之意，而他們母親本該保持貞潔之身），據說他們在西元前 **753** 年創建羅馬城。他們的父親是戰神阿瑞斯，不過這位戰神在建城的故事中聲名狼藉……

波拉約洛《母狼乳嬰》 *Lupa capitolina*｜1484–1496｜卡比托利歐博物館｜義大利羅馬
在巴拉丁諾山腳牧神洞窟前的無花果樹下，一隻母狼發現了這對雙胞胎。

行李牌和貨幣上的母狼圖案

去當女祭司的國王之女

羅慕樂和雷慕斯的母親雷亞・西爾維亞本是一位公主，後來卻去當「修女」，也就是女祭司。從擔任聖職開始，她必須在三十年間保持處女之身，否則就會赤身裸體遭到鞭打，然後被活埋！她一直乖乖當貞女，直到有一天，她去河邊清洗聖物，卻在這座獻給戰神阿瑞斯的聖林中睡著了。可怕的戰神看到這位美人，便趁她睡著時玷汙了她。對本該是處女的雷亞來說，這將令她付出慘重代價。

西元前 260 年　羅馬銀幣

母狼乳嬰

可憐的雷亞・西爾維亞很快發現自己懷孕了，當國王也就是她那篡位的叔叔察覺此事後，命人將她囚禁，並要遵照傳統，溺死她的雙胞胎孩子。西爾維亞先是被阿瑞斯強暴，現在又遭受叔叔如此對待！幸好，溺死兩個孩子的命令沒有被執行，他們被裝進籃子扔到河邊草草了事……後來來了一頭母狼，不僅沒有吃掉他們，還哺育這兩個小嬰兒，直到一名牧羊人發現這樁奇事，決定從今以後收養這兩個孩子。

不可逾越的犁溝

剛剛長大成人，兄弟倆就決定在他們當初被發現的地方建起一座城。據說那天是西元前 753 年 4 月 21 日，兩人當時各站在一座山頭，羅慕樂比雷慕斯看見更多預兆（禿鷲盤旋），於是他在地上劃起一道犁溝，欲為城牆劃定邊界。不料這惹怒了雷慕斯，他跳到犁溝之上取笑哥哥。暴怒的羅慕樂當即殺死弟弟，並宣稱無論是誰，膽敢跨過他的犁溝，都是這種下場……沒在開玩笑！

希臘名：在希臘世界，
　　　　他們的名字不存在
詞源：羅馬
父親：阿瑞斯
母親：雷亞・西爾維亞

收養他們真的
是好主意嗎？

幹什麼？
都幾歲了？

是他先的！

電影《大搶妻》（*Il ratto delle sabine*，原文意為「劫掠薩賓婦女」）海報｜1961

劫掠薩賓婦女

可惜的是，羅慕樂的新城邦居民都是單身男性、流浪漢與逃出來的奴隸。他必須找到一些女人讓他們結婚才行。於是羅慕樂邀請鄰邦的薩賓人一起歡慶節日，卻出其不意地擄走他們的婦女。薩賓男人們無比憤怒，發動戰爭予以還擊。戰鬥場面非常慘烈，薩賓婦女們一方面想救自己的父親和兄弟，另一方面又想救她們的新丈夫，於是她們從中斡旋，最終平息了雙方戰火。而羅馬自此便有兩個國王：羅慕樂和薩賓王！

我是你的巧克力

徵婚啟事

描繪羅馬締造者羅慕樂和雷慕斯母親的木刻畫｜Universal History Archive

\#羅馬建城

遇見羅慕樂和雷慕斯

城市之名

當然，假設這兩兄弟真的存在，那羅馬的名字起源便有跡可循，我們可以從羅慕樂（和雷慕斯）的回憶中尋找。但是，由於羅馬人把羅馬看作唯一真實存在的城市，他們通常就把它簡稱為「Urbs／城市」，甚至習語「Urbi et Orbi／致全城與全球」也由此而來：好像你對羅馬說話，就等同是對全世界說話了！

母狼雕塑

有一件非常著名的母狼哺育雙胞胎兄弟的雕塑，名叫《母狼乳嬰》（*Lupa capitolina*，作品原名取自它的收藏地卡比托利歐博物館〔Musei Capitolini〕）。那些試圖將神話故事作合理解釋的人認為，養育羅慕樂和雷慕斯的那名牧羊人之妻，實際上是一名「妓女」（lupa，拉丁語，「lupanar／妓院」一詞正由此衍生；而 lupa 也有「母狼」之意）。或許這也能是另一段神話……

魯本斯《梅杜莎的頭》（局部）*The head of Medusa*｜1617–1618｜藝術史博物館｜奧地利維也納

野獸與妖怪

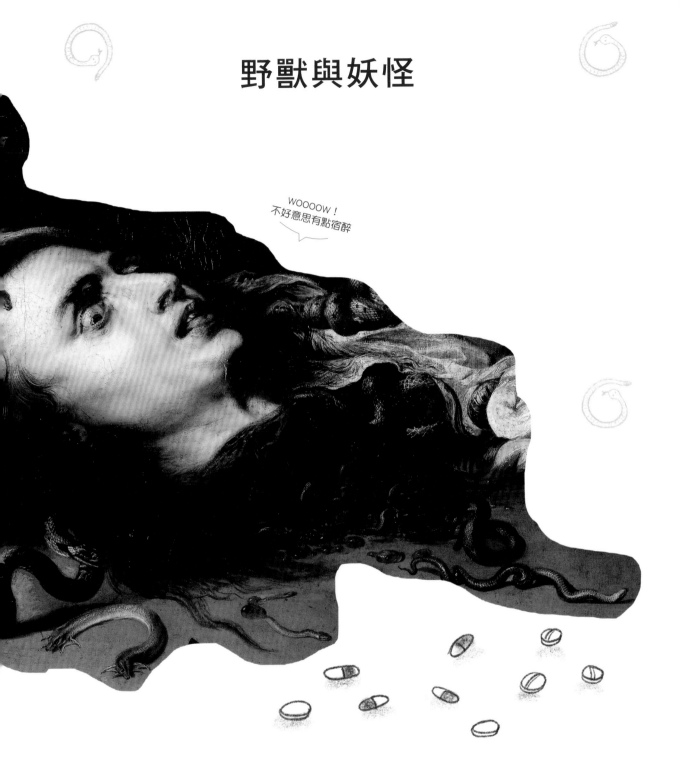

WOOOOW！
不好意思有點宿醉

古希臘人的世界，充斥著超自然現象、奇異可怖的妖怪與野獸，以及那些似乎主宰著世界盡頭的傳奇女性……接下來的這些主角，不只嚇小孩有用（你再不把湯喝掉，梅杜莎就來抓你喔！），大人們也會怕怕：想到那些亡者為了要哄地獄犬塞伯拉斯開心，還得先在墳墓中準備蛋糕，不覺得毛毛的嗎！

帕格索斯
Pegasus

古代最好的戰馬

帕格索斯是一匹擁有華美翅膀的白馬，曾幫助過很多英雄。古代最好的戰馬之名，可謂實至名歸！

美到不可方物的梅杜莎

帕格索斯的母親梅杜莎（戈爾貢女妖）一開始並不是妖怪。事實上，她是兩位海神的女兒，起初甚至是個有著一頭濃密捲曲秀髮的絕世美人。當狂躁暴力的海神波賽頓見到她時，無比渴望佔有她，於是把她帶到雅典娜的一座神殿玷汙了她。神殿遭褻瀆，你覺得誰會因此受罰？當然不會是波賽頓，而是可憐的梅杜莎，希臘人的世界一向如此。梅杜莎於是變成了妖怪，她與波賽頓的孩子也被留在她的血液中，凝固不動。

從斬首中誕生

柏修斯殺死了醜陋又可怕的梅杜莎。由於她的目光能將人石化，柏修斯砍她頭時，刻意避開她的眼睛，當時有幾滴血落到地上，帕格索斯就從梅杜莎的血液裡冒了出來，變成一匹華麗的飛馬，不僅潔白無瑕，而且身有雙翅，自從梅杜莎變成妖怪，他就一直被困在母親的身體裡……話說回來，波賽頓其實也是馬神，他曾為雅典人創造俊馬，也難怪會生出帕格索斯這匹飛馬。

福圖尼諾・馬塔尼亞《飛馬帕格索斯》 *Pegasus The Winged Horse* | 20 世紀

真是個挺拔的好小子！

小心肝

貝勒洛豐

從出生起，帕格索斯就在空中飛翔，很快就惹來所有希臘人的覬覦，尤其是一些英雄，他們都夢想著能駕馭這樣一匹夢幻戰馬。英雄貝勒洛豐當時被派去承擔一項無法完成的任務，當他在一座雅典娜神殿裡睡著時，夢見女神送給自己一副鍍金韁繩，能夠馴服帕格索斯。待他醒來，奇蹟出現了，他獲得一副魔法韁繩，帕格索斯也讓貝勒洛豐騎上馬背，陪他一起經歷隨後所有冒險。

給我一根中等長度的 6 號閃電

當我是球僮？

閃電攜帶者

貝勒洛豐是唯一懂得如何馴服飛馬的人，他陶醉在自己創下的功勳裡，差點給帕格索斯帶來災禍。他覺得自己的英勇戰績足以比肩諸神，懷著這樣的野心，他試圖駕著飛馬直接登上奧林帕斯山。膽敢褻瀆神祇！就在他抵達山巔之際，帕格索斯拒絕聽命，才逃過一劫，不過貝勒洛豐還是被勃然大怒的宙斯用閃電擊落，摔下山去。正是這次事件，帕格索斯獲得了為眾神之神攜帶閃電的權力。

遇見帕格索斯

品牌魅力

掐指一算，至少有七十四個品牌或 logo 採用帕格索斯的名字和形象，足以證明它的品牌魅力！從土耳其飛馬航空公司，到拍出多部成功電影的哥倫比亞三星影業，大家都很樂意彰顯飛馬形象的內涵與價值：輕盈、迅捷、果決、不可征服……總而言之，它是崇高的體現！

威望的象徵

帕格索斯的威望極高，人們甚至把牠等同於名譽女神菲墨（在羅馬則叫法瑪）。古人也常說名譽女神長著翅膀、可攜人飛天……一則古老神話甚至由此誕生：羅馬帝國第一位真正的皇帝、凱撒養子屋大維·奧古斯都，其功勳卓著，威望極高，在他死去時，羅馬人都相信他是被帕格索斯帶去天國！

電玩遊戲

帕格索斯的神話故事深入人心，在奇幻類型的 RPG 電玩中，帕格索斯的名字就用在所有飛馬身上。在紋章、徽章、logo 中，也很常見到帶著翅膀的飛馬形象（比如法國馬耶納省的省徽）！

左排：
- 法國航空廣告
- 法國 AMILCAR 汽車廣告
- 倫敦輕軌電車海報

右排：
- 美孚柴油機油廣告
- 日本孔雀牌香菸廣告
- 法國馬耶納省省徽

羅馬名：帕格索斯 Pegasus
詞源：泉水
綽號：閃電攜帶者
父親：波賽頓
母親：梅杜莎

復仇三女神
Furies

復仇三女神被希臘人稱作厄里倪厄斯，她們的角色充滿矛盾。作為道德法則的守衛者，她們保護窮人和弱者，追究有罪之人，是悔恨之心的化身。但她們又是「地獄之人」，很難得到他人好評……

地獄三姐妹

復仇三女神墨蓋拉、提西福涅、阿勒克托就像是戈爾貢三姐妹的翻版。和後者一樣，她們也擁有蛇髮——但我們能注意到一些不一樣的特徵，尤其是她們流著血淚的眼睛。三姐妹長著醜陋的黑翅膀，舉著燃燒的火炬和鞭子，發出犬吠，折磨她們的戰利品。她們不接受休戰，也不接受哀求或是酌量減刑。她們無情地將復仇執行到底，直到受害者走投無路被逼瘋才肯罷手。

罪犯收容所

復仇三女神冷酷無情，由於她們的存在，希臘人認為沒有必要再對犯罪者施以人為懲罰。她們神聖不可侵犯的神殿遍布整座希臘，用以收容罪犯。例如，在雅典就有兩處這樣的地方。這是對罪犯的寬容嗎？似乎並非如此。據古希臘地理學家兼旅行家保薩尼亞斯描述，進入神殿的那些人，通常出來時都已完全發瘋，後來這些收容所就被禁止使用。

善心女神

復仇三女神很不受歡迎，不只世人害怕她們，就連諸神也厭惡她們。事實上，她們會為了一個人的錯懲罰整個國家，奧瑞斯特斯殺害他母親克萊婷時，她們便這麼做。有時，她們被反諷地稱為「善心三女神」，這也和奧瑞斯特斯後來被雅典法庭宣告無罪有關：大家把這個名字送給她們只為討好三姐妹，平息她們的怒火。

「悍婦」墨蓋拉

莎士比亞名劇《馴悍記》法文原名為「La Mégère apprivoisée」，因此在法國，刻薄又歇斯底里的悍婦就被稱為「Mégère」（正是復仇三女神之一「墨蓋拉」的法文寫法）。而復仇三女神的羅馬名「Furies」，也演變出「furieux / 生氣的」、「fureur / 憤怒」、「furie / 猛烈」等諸多法語詞彙。

龔固爾文學獎

強納森・利特爾那本向復仇三女神致敬的小說《善心女神》（Les Bienveillantes），在 2006 年一舉摘下龔固爾文學獎。書名本身給出了重要暗示，若你讀過艾斯奇勒斯的《奧瑞斯提亞》（Oresteia），你就知道奧瑞斯特斯即敘述者本人，殺掉了母親及其情人（書中並未交代結果）；然而《善心女神》男主角與奧瑞斯特斯在性格上有著關鍵差別：他是個令人膽寒的納粹軍官，參與過猶太大屠殺以及納粹集中營，但你在他身上感受不到一絲人性，他沒有任何良心上的自責與內疚，也不打算為所犯下的罪行贖罪！

古斯塔夫・多雷《但丁和維吉爾遇見復仇女神》（但丁《神曲》的插畫局部）*Dante and Virgil meet the Erinyes* | 1885 | 裝飾藝術美術館圖書館 | 法國巴黎

希臘名：厄里倪厄斯 Erinyes
詞源：墨蓋拉 / Megaera 為「憎恨」
　　　提西福涅 / Tisiphone 為「復仇」
　　　阿勒克托 / Alecto 為「冷酷」
綽號：尊敬的女神、善心女神
父親：天空之神烏拉諾斯的血
母親：大地之神蓋亞

佛朗哥・澤菲雷里《馴悍記》 *The Taming of the Shrew* | 1967 | 伊麗莎白・泰勒主演

紀戎
Chiron
睿智的人馬

紀戎是最著名的人馬，擁有人馬的能力及一切美德，而不像其他人馬那麼粗魯。

他以智慧和學識聞名，也是諸神鍾愛的教育家，尤其受到醫藥之神阿斯克勒庇俄斯和英雄阿基里斯的尊敬。

50% 是人，50% 是馬，100% 是孤兒

紀戎的父親克羅納斯要為人馬的樣貌負責。事實上，已婚的克羅納斯和美麗的仙女菲呂拉上床時，為躲避妻子的監視，把自己變成一匹種馬。正因如此，他的寶寶一半是人，一半是馬。不幸的是，兒子出生後，菲呂拉被他畸形的樣貌嚇壞了，她拋棄了這個新生兒，並請求諸神把自己變成一棵椴樹。克羅納斯也沒有對這個私生子盡到做父親的責任，因為那樣會暴露他的不忠，所以他也放棄了紀戎（＃孤身一人降世）。

#好可愛

古代名師

紀戎與其他人馬不同，一方面是由於他的出身（其他人馬都是可怕的意西昂和烏雲所生），一方面是他的性格。不同於那些粗魯又殘暴的人馬，紀戎以自己的智慧和學識聞名。阿特蜜斯和阿波羅曾教他打獵、醫學、音樂和占卜，他又把這些知識教給別人，尤其是醫學知識，因此他成了一位舉世無雙的教育家，他的學生有醫藥之神阿斯克勒庇俄斯，以及英雄阿基里斯、海克力斯、傑森。總之，紀戎是古代最受大家喜愛的教授！

綽號：菲呂里德（Philyrides，意指「菲呂拉之子」）
父親：克羅納斯，泰坦巨人
母親：菲呂拉，海洋仙女

尚-巴蒂斯特·勒尼奧《人馬紀戎教阿基里斯使用弓箭》（局部） *Education of Achilles by the Centaur Chiron*｜1782｜羅浮宮｜法國巴黎

遇見紀戎

射手座

宙斯為紀戎的悲劇所觸動，便把紀戎變成半人馬座，其中最有名的「比鄰星」是距離太陽最近的恆星（只有短短四光年！）。比誰都擅於教授箭術的紀戎，也是射手座的象徵。如果你出生於 11 月 23 日至 12 月 21 日之間，你就知道自己的星座看起來有多智慧與時尚！

紀戎的膝蓋

不幸的是，紀戎的學生海克力斯在執行第四項任務時，意外將他害死了。當時，海克力斯因為喝酒與其他人馬大打出手，他用沾有九頭蛇海德拉之血的毒箭射向對手，而紀戎在治療一位人馬同伴時膝蓋中了一箭。紀戎劇痛難忍，寧願放棄自己的永生之身，也不想這樣苟活下去。於是他把自己的永生能力送給了泰坦巨人普羅米修斯。

卡戎和塞伯拉斯
Charon & Cerberus

冥府的擺渡人與看門犬

當一個希臘人離開人世進入冥府前，他需要經歷兩件事。首先，他需要請求凶惡的擺渡人卡戎幫他渡過阿刻戎河，那是一條結著冰的黑色地獄之河。然後，到了河對岸，他還要面對看守冥府大門的惡犬塞伯拉斯。

帕蒂尼爾《穿越幽冥之河》 *Landscape with Charon Crossing the Styx* | 1520 | 普拉多美術館 | 西班牙馬德里
帕蒂尼爾的這幅作品含有一個懸念：卡戎到底把小船上的靈魂送去哪裡？左邊有天使，看得出是天堂；右邊，在冥河的另一側，我們能看到塞伯拉斯正守著火中的冥府大門。對希臘人來說，「冥府」同時包含香榭麗舍（天堂）和塔爾塔羅斯（地獄），但對基督教來說兩者應是分開的，而帕蒂尼爾的畫作則以折衷形式表現。

貪財的擺渡人

卡戎是個貪財又不好惹的擺渡人，一百年間，他任由那些沒有舉辦過葬禮，以及眼睛上或嘴巴裡沒放錢幣的亡靈，留在阿刻戎河岸邊遊蕩，並對此毫無內疚。如果你付得起錢，他就會讓你登上他的小船，然後把船划到黑色河水中間，而那些沒錢的亡靈就在水中漂浮，他們徒勞地哀求卡戎，讓自己登上他的小船，而卡戎則會用船槳狠狠給他們一棒……

有三顆腦袋卻沒有心

一旦穿過阿刻戎河，卡戎就會把你帶到塞伯拉斯面前，那是一隻三頭惡犬——三個腦袋分別看向過去、現在和未來。凶惡的卡戎會嚇唬人，即使人家哀求他開恩，他也絕不會讓任何亡靈出去。塞伯拉斯也會恐嚇那些沒給他送上蜂蜜蛋糕哄牠開心的亡靈：只要無法滿足牠的要求，就不能進入冥府獲得安息……（很明顯，不給糖就搗蛋，你得有備而來！）

塞伯拉斯的恐怖父母

塞伯拉斯本身是怪物，他母親艾奇德娜上半身是正常女人的模樣，下半身是條醜陋嚇人的巨大蛇尾。他父親提豐最初也是神祇，但長著一百顆龍頭的他作惡多端，有時還會化作一陣煙，後來他被宙斯打敗，壓在埃特納火山下。自那之後，每當他動彈，就會引起火山爆發！塞伯拉斯則混合父母雙方的特點：父親的多頭和母親的蛇尾。

你怎麼會以父母為恥呢，小塞伯拉斯？

雖有三顆頭，但腦筋就……

儘管長著三顆腦袋，但塞伯拉斯卻算不上聰明。正因如此，奧菲斯才能透過彈奏里拉琴，成功把他哄睡（《哈利波特》中妙麗、哈利和榮恩在霍格華茲裡也用了這一招）；賽姬和阿伊尼斯只用一塊催眠蛋糕就輕易騙過他；至於海克力斯，他在執行某項任務時，把塞伯拉斯打得很慘，這隻可憐的三頭犬甚至被他縮小成能放進口袋的迷你狗，海克力斯輕鬆把他帶在身上，後來又把他送回地府。

遇見卡戎和塞伯拉斯

各種領域中

「Cerberus／塞伯拉斯」在英語中亦指凶神惡煞般無人敢惹的看門人。文學作品《哈利波特》也有她的身影。在雕刻作品中，伏在冥王普魯托腳下的形象也尤為著名。除此之外，冥王星的其中一顆衛星也叫「塞伯拉斯」（這些天文學家還真皮）。

冥王星的兩顆衛星：卡戎和塞伯拉斯

詩歌

奈瓦爾的優美詩歌〈不幸的人〉（El Desdichado）中，提到了奧菲斯運用技巧征服阿刻戎河的故事；而對冥界之河的描述，最為著名的要數但丁的《神曲》（La Divina Commedia，「Commedia」是指這部作品是「用拉丁文寫的而非義大利文」，可沒有「滑稽搞笑」的意思）。有時阿刻戎河和冥河會被混淆，其實阿刻戎河是後者的支流，而後者實際上是一條守誓之河……

> 羅馬名：卡戎 Charon
> 父母：黑夜女神倪克斯與黑暗之神厄瑞玻斯

> 羅馬名：塞伯拉斯 Cerberus
> 詞源：肉食者
> 父母：提豐和艾奇德娜

史賓賽・史坦霍普《卡戎和賽姬》（局部） Charon and Psyche｜1883
身負阿芙羅黛蒂交予她的任務，賽姬來到冥府尋找一個珍貴小瓶。通常只有死人才允許過河，但卡戎為此開了一次先例，他從賽姬嘴裡拿走奧波（obol，古希臘的一種錢幣），答應幫她渡河。賽姬還備有另一枚奧波，以支付回程，聰明！

賽蓮女妖
Sirens

長著翅膀卻無法飛翔的女妖

與北歐民間故事中令人喜愛的美人魚不同，希臘神話中的賽蓮女妖樣子十分可怕，她們長著猛禽的身體和女人的腦袋……但最可怕的是，她們會活活把男人吃掉！不過，女妖們的歌聲卻跟小美人魚愛麗兒的一樣好聽（＃喔呦）！

N.C.魏斯《賽蓮女妖》 *The Sirens*｜1929｜個人收藏
聽到賽蓮女妖歌聲而感到興奮的奧德修斯。

羅馬名：賽蓮女妖 Sirens
地點：墨西拿海峽（在西西里島和義大利之間）
父親：阿刻羅俄斯，河神
母親：卡莉歐碧，史詩女神

不祥的女妖

古希臘的賽蓮女妖可說是音樂家，歌聲非比尋常，但他們與迪士尼動畫《小美人魚》中的愛麗兒絕對不同。動畫中的艾瑞克王子遇難時，假設碰到的不是愛麗兒而是賽蓮女妖，她們不但不會伸出援手，還會把他吃掉；此外，她們也會順便讓王子的船在峭壁上撞個粉碎！在《奧德賽》的描述中，這些女妖們就坐在那些被她們吃掉的男人的白骨與乾屍堆上，上面還有腐爛的山羊皮……好喔。

《小美人魚》試鏡

嗯，不可能，
下一位！

是鳥不是魚

為什麼賽蓮女妖如此可怕？事實上，她們是在為自己贖罪，不過就算是她們曾經犯下的過錯，也沒有現在這麼可怕。她們一開始其實都是一些普通女人，還是波瑟芬妮的女侍，然而當黑帝斯擄走這位年輕女神時，她們沒能抵擋住……可說實在的，誰又能跟冥府之神抗衡呢？波瑟芬妮的母親黛美特因為太過傷心，失去公斷力，竟罰這些女人變成鳥的模樣，命她們一直歌唱著冥府的預言。

賽蓮女妖的失敗

只有兩位英雄曾戰勝這些女妖：一位是尤利西斯，他讓水手們用蠟封住耳朵，又命人把自己綁在桅桿上，這樣一來，他既能聽到歌聲，又不會被她們給勾引走。另一位是音樂家奧菲斯，他用自己的歌聲成功戰勝女妖，甚至女妖們還被他迷住了，她們陶醉在奧菲斯的歌聲中，紛紛自殺。經歷幾次失敗之後，很多女妖就從懸崖上跳海自盡了。玻璃心的女妖們啊……

賽蓮女妖
傷心斷腸崖

歐洲文化

法語用「Sirène」一詞表示長著魚尾的美人魚，可在希臘神話中「Sirène」應是指有著禽鳥外形的賽蓮女妖啊，這是怎麼回事？其實很簡單，她們在北歐神話中確實是人魚，這個版本的神話也傳到英國，而他們分別使用「Siren／賽蓮女妖」、「Mermaid／美人魚」這兩個詞彙作出區分。可到了法國人那裡，北歐神話與希臘神話是一體的，便都用同一個詞「Sirène」來表達了，漸漸大家也就忘了最初希臘版本的禽鳥形象了。

歷史

在古典時代和中世紀，人們的科學知識十分匱乏，導致在很長一段時間裡，人們真的相信美人魚的存在，這有點像人們過去對獨角獸的看法。因此，當哥倫布講述自己的美洲之旅時，他還得意地宣稱曾遇到美人魚，並還語氣平靜地補充道：「可是，她們沒那麼漂亮。」這個騙子！（公允的歷史學家們解釋說，或許哥倫布搞混了，他看到的其實是海牛，這種海洋哺乳動物長著一隻狗頭。好喔。）

萊頓《漁夫和賽蓮女妖》 *The Fisherman and the Syren* | 1858 | 布里斯托城市博物館與美術館 | 英國布里斯托

警報器

幸運的是，如今美人魚的形象與古希臘的賽蓮女妖們相比，已經變得非常正面了，多虧作家安徒生寫了《小美人魚》，以及迪士尼的同名電影！她們甚至還進入我們的日常用語，因為她們的歌聲太美妙，有人受到啟發，在 1819 年便用「siréne」一詞表示警報器，發明的人可是法國工程師卡尼亞爾・德・拉圖爾喔！

好可愛的美人魚（哥倫布語調）！在佛羅里達州的水晶河暢游的海牛

不會飛的無喙之鳥

賽蓮女妖們長相醜陋，又有吃人的可怕習慣，還以自己的嗓音為傲，她們甚至敢挑戰繆思女神的歌喉。繆思女神是宙斯與敏莫絲妮的九個女兒。當然，繆思女神取得了勝利，並要求用賽蓮女妖們的羽毛做一頂桂冠，女妖們因此便被剝奪了飛翔能力。不過這對尤利西斯來說倒是好事，不然的話，她們還不飛起來把他撕個粉碎（必須承認，沃特豪斯是個好畫家，可他真是沒用功讀書）！

沃特豪斯《尤利西斯和賽蓮女妖》 *Ulysses and the Sirens* | 1891 | 維多利亞國家美術館 | 澳洲墨爾本

亞馬遜女戰士
Amazones
古代的女戰士

亞馬遜女戰士是著名的戰士族,她們只有一個乳房。她們就像父親戰神阿瑞斯一樣,鍾情戰爭。
她們厭惡婚姻,這在男人們眼中,簡直就是褻瀆……她們堪稱古代版女性主義者!

派蒂‧珍金斯《神力女超人》 *Wonder Woman* | 2017
電影中蓋兒‧加朵的雙乳完好健在,並未精確重現希臘神話。

最強女性

亞馬遜女戰士是所有男人心中的陰影,她們全族都是女人,且從不和男人一起生活。她們每年會挑選出最帥的男人,利用他們繁衍後代,然後再把男人殺死。要是她們生出男孩,要嘛將其殺掉,要嘛留下來做奴隸。簡直噩夢一場!在某些傳說中,她們甚至會扭斷男嬰的胳膊和腿,挖掉他們的眼珠,只為讓他們喪失作戰能力,當她們的奴隸……

只露一顆乳房

彷彿光是殘忍還不夠,這些亞馬遜女戰士似乎還毫無羞恥心。她們將一隻乳房裸露在外,另一隻則隨著不同時代,有著不同處理,遠古時期用薄紗遮住,後來則選擇切除。希羅多德——這位勇敢的男人相信她們真實存在——認為「Amazones / 亞馬遜女戰士」之名,便取意於「a(沒有)+ mazos(乳房)」……據說這樣一來,她們引弓射箭時,乳房就不會礙事了!可以確定的是,她們是最先使用騎兵作戰的草原女戰士。

#豪放女

墜入愛河招來不幸

最有名的亞馬遜女戰士女王希波麗塔，其名意指「解放馬匹的人」，這對一個優秀女騎兵來說再合適不過。希波麗塔是阿瑞斯的女兒，擁有那條父親送她的有名腰帶。海克力斯當初為完成第九項任務，不得不從她手裡奪取腰帶。希波麗塔當時意外愛上他，但赫拉暗中使壞，讓大家誤以為海克力斯另有所謀，於是亞馬遜女戰士們為保護女王，向海克力斯投擲長槍，欲殺死這位英雄。希波麗塔替海克力斯擋下長槍，臨死前，她把腰帶送給海克力斯，他於是拿著腰帶逃走了……

繪有黑色人形圖樣的雙耳尖底甕，古希臘陶藝家埃克塞基亞斯在此表現出阿基里斯和潘賽西莉亞兩個人物。希臘的文明啊！阿基里斯在殺死王后潘賽西莉亞時愛上了她。

亞馬遜之戰

實際上並非所有亞馬遜女戰士都抗拒婚姻，她們中的安緹歐珮就愛上陪同海克力斯一起前來尋找希波麗塔腰帶的翟修斯。翟修斯劫走安緹歐珮，並娶她為妻，她後來還成了雅典王后。不過亞馬遜女戰士們隨後攻擊了雅典城，其中一人意外殺死了安緹歐珮，翟修斯隨後也將其殺死……亞馬遜女戰士們後來在阿瑞斯的山丘（衛城）附近戰敗。翟修斯把她們葬在他的城市，從此那裡成了每年做聖祭的地方。

遇見亞馬遜女戰士

《神力女超人》

在影視產業，最成功演繹亞馬遜女戰士形象的要數電影《神力女超人》。神力女超人戴安娜的母親正是女王希波麗塔，她在這座與世隔絕的天堂島，統領著亞馬遜女戰士。電影中蓋兒·加朵飾演的戴安娜，對抗著她們部落不共戴天的敵人阿瑞斯……這樣的情節對希臘人來說恐怕是大逆不道的，因為阿瑞斯可被看作所有亞馬遜女戰士們的父親啊！

亞馬遜河

西元前 5 世紀的大歷史學家希羅多德，並不是唯一一個相信亞馬遜女戰士存在的人。在 16 世紀，當第一批西班牙探險隊在北美洲赤道地區考察時，隊員奧雷亞納認為自己在馬拉尼翁河岸找到了類似部落，他便就把這條河叫作「亞馬遜河」！傳奇永存……

亞馬遜騎姿

據說亞馬遜女戰士是最早騎馬的人。後來凱瑟琳·德·美第奇發明了雙鈎側坐馬鞍（一個鈎子固定一條大腿），女人可以穿著漂亮裙子把雙腿放在馬匹同一側，人們稱其為「亞馬遜騎姿」……可這跟真正的亞馬遜騎姿完全不同啊！

羅馬名：亞馬遜女戰士 Amazones
詞源：沒有乳房
父親：阿瑞斯
母親：哈摩妮雅（和諧女神）

卡羅勒斯-杜蘭《克羅塞特小姐馬術肖像》 *Equestrian Portrait of Mademoiselle Croizette* | 1873 | 圖爾寬美術館 | 法國圖爾寬

斯芬克斯
Sphinx

神祕的怪物

斯芬克斯是一個擁有多種樣貌的怪物，古代底比斯地區的人都怕他，
就像先前人們畏懼其兄塞伯拉斯或其母艾奇德娜……但後來他被伊底帕斯打敗了！

安格爾《伊底帕斯回答斯芬克斯之謎》 *Oedipus Explains the Riddle of the Sphinx*｜1808｜羅浮宮｜法國巴黎

亂倫之女

斯芬克斯的怪貌來自父母的遺禍。他的母親艾奇德娜（「蝮蛇」之意）是一個半人半蛇的女神，他的父親歐特魯斯是一隻可怕的雙頭犬，也是蛇女艾奇德娜的兒子。因此斯芬克斯長著女人的腦袋、獅子的身體、鳥的翅膀，雖有男性的人稱，卻有著女性的性別，並且還擁有一對亂倫的父母。日後赫拉為實現她又一次的小小復仇計畫時，派出斯芬克斯蹂躪與殘殺人類，怪物也從中獲得快感……

《艾奇德娜》 *Echidna*｜16世紀｜波馬佐怪物公園｜義大利拉齊奧

波馬佐怪物公園是義大利文藝復興時期最怪誕的公園，裡面有很多用火山岩（白榴凝灰岩）製作的巨大雕像，分散在天然植被間。這些雕像是 16 世紀時由奧西尼所打造，他是一位頗有教養的傭兵隊長，似乎只有義大利才能孕育出如此品味的人物……

羅馬名：斯芬克斯 Sphinx
詞源：扼住喉嚨？
父親：歐特魯斯，雙頭犬
母親：艾奇德娜，半人半蛇

希臘

雅典地區

底比斯

雅典

赫拉派出的討厭鬼

底比斯國王萊歐斯，也就是伊底帕斯的父親，曾犯下一個錯誤。他在國王佩羅普斯家避難時，竟然綁架其子，而佩羅普斯正是宙斯的孫子（p136 有類似的奇遇）。竟敢對擁有神祇血緣的東道主犯下如此罪行！波賽頓詛咒他，赫拉也很憤怒，便派出斯芬克斯摧毀底比斯。這頭怪物以謎語考驗底比斯人，所有無法解開謎底的人通通會被吃掉，這個謎語是：「什麼動物能發出一種聲音，上午有四條腿，中午有兩條腿，晚上有三條腿？」

這是你最後的答案嗎？

玻璃心的怪物

伊底帕斯為了逃避弒父娶母的宿命，四處漂泊，試圖尋找一個新家。在左頁的安格爾畫作中，伊底帕斯正揭開謎底：「簡單，答案是人，因為人在童年時用四肢爬行，成年後靠雙腿行走，而等到衰老後，就有三條腿了，因為他不得不拄根拐杖。」伊底帕斯猜對了，斯芬克斯因為再也無法以此謎題傷害人類，乾脆跳崖自殺。玻璃心嗎？伊底帕斯解救了底比斯人，得以迎娶底比斯的王后……後來真相大白，王后正是自己母親。當然，這是另一段故事了……

算我一份？

賽蓮女妖
傷心斷腸崖

遇見斯芬克斯

斯芬克斯作為隱喻

「Sphinx ／ 斯芬克斯」是個富有隱喻色彩的詞彙，會讓人想到那些性格神祕、高深莫測、誰也猜不透的人物。比如，大仲馬曾寫過《紅色斯芬克斯》（The Red Sphinx），《三劍客》〔The Three Musketeers〕的某部續篇），書名的靈感便來自樞機主教黎塞留，因為他曾在 1628 年佔領拉羅謝爾時，（熱切地）破解了無數陰謀。

大家來找碴，找出 7 個不同處

金字塔

吉薩的斯芬克斯人面獅身像，有可能是根據卡夫拉法老的形象所造（從埃及國王特有的頭飾「Nemes」，及其額上抵禦敵人的眼鏡蛇冠飾「Uraeus」，得以辨識），這四千五百年來，它一直守護著父親基奧普斯（古夫）的金字塔。據說 1368 年時，一位伊斯蘭教神祕主義者認為，這尊人面獅身像褻瀆了伊斯蘭教義，便破壞了它的鼻子和耳朵，此人便遭憤怒的當地人處以絞刑。

吉薩的斯芬克斯人面獅身像｜西元前 2500 年

果然還是太簡單了嗎？
這題如何：達你阿跟達我阿兩個人在船上，達你阿掉進了水裡。那麼還待在船上的是？

《長著翅膀的斯芬克斯》 Winged Sphinx
西元前 6 世紀的雕像，古希臘時代

梅杜莎
Medusa

用目光讓人石化的蛇髮女妖

梅杜莎與她的兩位戈爾貢姐妹一樣，也是女妖，凡是與她對視的人都會變成石頭死掉。
但是，與她兩位姐妹不同，她並不具有不死之身，柏修斯正是利用這點把她殺死了……

目光銳利
足以殺人

尚-馬克・納提葉《柏修斯在米娜娃保護下現出梅杜莎的頭》 *Perseus with Minerva Showing the Head of Medusa*｜1718｜圖爾寬美術館｜法國圖爾寬

頭上嘶嘶作響的蛇

在變成一個醜陋妖怪前，梅杜莎曾是有著一頭捲曲長髮的美人，男人們為之神魂顛倒，就連海洋之神波賽頓也深深為她著迷。後來他劫走梅杜莎，把她帶至雅典娜的一座神殿裡玷汙了她，褻瀆了聖地。而冒失的梅杜莎竟拿自己的美貌與神祇相比，這就有點過火了。於是，雅典娜把這個驕傲姑娘的美麗長髮變成一條條可怕的蛇，還特別詛咒她的眼睛，讓與她對視之人通通變成石頭……

讓她戴副墨鏡
冷靜冷靜

血肉之軀梅杜莎

梅杜莎三姐妹都姓戈爾貢，「Medusa／梅杜莎」的詞源是「領導者」之意，不幸的是，偏偏她是戈爾貢三姐妹裡唯一沒有永生能力的那個。所以，當柏修斯準備帶回一顆戈爾貢姐妹的頭，以阻止國王波利德克特士與自己母親結婚時，他選擇對梅杜莎下手。柏修斯遵照雅典娜的建議，全程利用盾牌上的反光為自己引路，趁梅杜莎睡著時，用荷米斯送他的青銅鐮刀砍下她的頭。小心駛得萬年船！

神奇的生孩子過程

在被雅典娜變為怪物前，梅杜莎曾因波賽頓懷孕兩次（是的，與諸神一樣，波賽頓的生育能力也非常強大）。她的兩個孩子克律薩俄耳與帕格索斯一直被封印在她的血液裡，當柏修斯砍斷她的脖子時，兩個孩子隨著鮮血一起飛濺而出。「克律薩俄耳 / Chrysaor」的名字意為「黃金之劍」，他是帶著一把金劍出生的英雄（合乎邏輯）；而帕格索斯則是一匹飛馬，因為他的父親波賽頓正是海洋之神與馬神。

卡拉瓦喬《梅杜莎》（局部）Medusa | 1598 | 烏菲茲美術館 | 義大利佛羅倫斯

死後仍為人所用

梅杜莎雖沒有不死之身，可她最終留在人間的影響卻綿延不絕，遠超兩個姐妹。在她死後，她斷頭上的目光仍保有將人石化的能力，因此柏修斯才會把她的頭當作禮物送給雅典娜以表謝意。雅典娜將她的頭綁在自己的神盾上，如盔甲般，保護自己的脖子和胸脯，敵人只要敢看她，必將當場石化。不光如此，從梅杜莎脖子飛濺出的血，被醫藥之神阿斯克勒庇俄斯收集起來。她的血有著難以置信的實用價值：從頸靜脈流出的血是毒藥，從頸動脈流出的血卻能讓人起死回生⋯⋯精彩地總結了藥劑學本身模稜兩可的特性！

羅馬名：梅杜莎 Medusa
詞源：指揮、統治
綽號：戈爾貢
父親：福耳庫斯？
母親：刻托

梅杜莎的洞穴

遇見梅杜莎

凡賽斯 logo

漫步在羅馬或巴黎街頭（或看到西西里島旗幟時），很容易就看到梅杜莎的頭，通常設計成浮雕安置在建築物立面。這難道是舊時用來抓盜賊的辦法嗎？「凡賽斯」創辦人吉安尼·凡賽斯幼年時，正是被美麗的梅杜莎像深深震撼，之後他便將梅杜莎用作品牌 logo，就像《美國犯罪故事》（American Crime Story）第二季「凡賽斯遇刺案」所講的那樣。

各種短語

法文中「médusé」（原自「Medusa / 梅杜莎」）與「pétrifié」是同義詞，都有「驚呆、石化」的意思，相當符合邏輯；而「pétrifié」一詞又源自拉丁文「petra」，即「石頭」之意（這也是約旦古城「佩特拉 / Petra」之名的由來，它便是從岩石中開鑿出的）。用梅杜莎的名字來表達「驚呆」真的貼切，就好像我們真的撞上她的目光⋯⋯

水母

1758 年，生物學家卡爾·馮·林奈用「Medusa / 梅杜莎」一詞命名水母，因為水母身上無數刺來扎去的觸手和腕臂，難免讓人聯想到戈爾貢女妖那顆可怕圓頭上的纏繞毒蛇⋯⋯在此之前，一名法國人曾把水母叫作「gelées de mer」（海中果凍）——水母的英文「jellyfish」（果凍魚）便由此而來——這個名字倒顯得更可愛、更無害一些呢！

凡賽斯廣告中，Lady Gaga 所戴的「梅杜莎」項鍊，正是凡賽斯的品牌象徵。

觸手如獅鬃般的水母

史賓賽・史坦霍普《香榭麗舍旁的忘川之水》（局部）The Waters of Lethe by the Plains of Elysium｜1880｜曼徹斯特美術館｜英國曼徹斯特
這幅作品描繪出柏拉圖筆下的一則神話故事：冥府有一條河，名叫「麗息河／Lethe」，俗稱「忘川」——名字即源自掌管淡水的遺忘女神
「麗息／Lethe」，她是紛爭女神厄麗絲的女兒，象徵著遺忘與忘恩負義。得到召喚即將重生的靈魂，在走出冥府前須將自己浸沒到忘川中，
以忘卻他們的前世經歷。作品遠景（這幅局部圖中看不到）畫的是香榭麗舍（天堂），英雄們與正直者們正走向那裡。

受難者與眾所周知的神話

他們不冷嗎？

逃生出口

入浴前
先往頸部潑點水

有時我們或許會忘記，對希臘來說，神話就是他們的宗教。那些拒絕信仰諸神或拒絕為其獻祭的人是會遭到懲治的，他們不僅生前會受到詛咒，以責罰他們的瀆神之心，就連死後恐怕也要被打入塔爾塔羅斯（地獄）作囚徒。在那裡，他們將見到譚塔洛斯、薛西弗斯、達那伊得斯姐妹，以及其他未得善終之人……除了伊底帕斯或納西瑟斯那種命運悲慘之人！

譚塔洛斯
Tantalus

希臘神話中的極惡料理人

譚塔洛斯的故事非常殘酷，一如希臘神話經常出現的那樣：
諸神判罰他，讓他永遠留在塔爾塔羅斯，忍受飢渴的折磨。

太過富有的凡人

譚塔洛斯本是一個無法永生的國王，但他是宙斯的兒子，母親普露托又是財富女神，因此他異常富有，諸神幾乎也都把他當作神祇一樣看待，甚至准許他在奧林帕斯山的盛宴上品嘗瓊漿玉露和神祇食物——如此重大的特權使他獲得了永生之身。在被說服成為神祇之後，譚塔洛斯邀請諸神參加一場華麗盛宴。然而，這場盛宴卻凶殘無比……

極樂大餐

譚塔洛斯驕傲自大，簡直到了瘋狂的地步，他為證明自己比諸神更聰明，聲稱要用一個方法來測試一下他們的洞察力，可這個方法卻使他犯下一樁近乎譫妄的殘酷罪行。他把自己的兒子佩羅普斯剁碎，做成菜餚獻給諸神（＃有錢人跟你想的不一樣）！這是雙重罪行，既是對他兒子，也是對諸神。

料理鐵人
諸神極樂大餐

誰吃了肩膀？

即使譚塔洛斯已把兒子烤至全熟，又加了不少調味料，他還是沒能騙過全知的諸神，結果沒有任何一位品嘗他兒子的肉……除了黛美特，她當時因女兒波瑟芬妮被劫走陷入絕望，魂不守舍、鬱鬱寡歡的她想都沒想就吃了一塊肩膀肉。宙斯對譚塔洛斯的惡行震驚不已，於是他把孫子的肉重新黏合，讓他死而復生了。只是小寶寶的肩膀缺了一塊，只好用一塊象牙象替代。

伯納德‧皮卡特《譚塔洛斯的折磨》 *Tantalus's Torment*｜1731｜私人收藏
版畫下面寫著一行字：「譚塔洛斯被判罰忍受飢餓與口渴，而水和水果就環繞在他周圍。」遠景處我們依稀可見魔鬼們正在折磨那些被送進塔爾塔羅斯的靈魂。

你是被鯊魚咬過嗎？

一言難盡

詞源：平衡
父親：宙斯
母親：普露托，財富女神

TANTAL-LAMPE

德國 Tantalum 燈泡的廣告明信片插圖｜約 1920

愛吃大餐是嗎？

憤怒的宙斯主持正義，把已經成為不朽之身的譚塔洛斯送進塔爾塔羅斯，要他為自己可怕而瘋狂的錯誤付出永恆代價。為懲罰他辦了那場恐怖宴席，宙斯命他永遠忍受口渴的痛苦，有一條清澈的河流就在他眼前，但每當他張開嘴巴靠近時，那河水就會全部退去；同時，他還要在一棵蘋果樹下忍受飢餓的折磨，每當他伸手想摘蘋果時，那些低處的蘋果就會自動躲開他。雖說很殘忍，但想想他犯下的雙重罪行，這樣的責罰再適合他不過！

#抓我啊笨蛋

日常習語

今日法國人對「supplice de Tantale / 譚塔洛斯的折磨」的寓意耳熟能詳，它也早已成為一句日常習語。可你知道嗎，我們也利用修辭學中的「換稱法」（將專有名詞變成普通名詞），將專有名詞「Tantale」作普通名詞使用；也就是說，變成普通名詞的「tantale」，就被用來指稱那些對某樣東西無比渴望、卻可望不可即的人。合乎邏輯。

黃嘴鸛鸛

有一種鳥的名字就是從「譚塔洛斯 / Tantalus」遭受的酷刑中演變而來的，那便是「黃嘴鸛鸛 / Tantalus ibis」。牠屬於涉禽類，外形似水鳥，每天要在水中行走數小時，不停地把自己的喙甚至是頭浸在水裡尋覓食物，一副永遠口渴的樣子。這一點與傳說中的譚塔洛斯很像，二者都無力平息內心的渴望。

黃嘴鸛鸛

化學

大約在 1802 年，一位大學教授成功分離出一種不會在水中溶解的新化學元素。這一特殊性使教授想到了譚塔洛斯：他連脖子都伸進河裡，卻無法喝到水，而且水也永遠不會滲進他的身體！這就是元素週期表的第 73 號元素「鉭 / Ta」！

薛西弗斯
Sisyphus
科林斯的創立者和國王

可憐的薛西弗斯所受的懲罰實在太過殘酷：他必須永無止盡地將一塊巨石推往山頂，
因為巨石永遠會在到達山頂前落至山底。我們經常忘了薛西弗斯的唯一罪過，不過是敢於對抗死亡……

《薛西弗斯與滾石》（版畫，作者不詳）*Sisyphus Rolling Stone* | 18 世紀

地峽運動會

表面看來，薛西弗斯是一位再好不過的國王。他在科林斯地峽締造了科林斯城，傾力為人類服務，或者至少是為希臘人。他還創辦了地峽運動會（可媲美奧林匹克運動會，在幾個世紀間取得巨大成功）。他這麼做是為紀念自己可憐的堂兄米利色特斯，他因赫拉對薛西弗斯母親的報復而犧牲，薛西弗斯當時在一片海灘上發現了他的屍體。

欺騙死神的聰明鬼

在荷馬筆下，薛西弗斯的才能可不止於締造城市與創辦運動會，他還發展了城市的航海和商業。多麼高尚完美的國王？並不盡然。他善用聰明才智，讓他人為自己買單。例如，他命人在地峽四周修建城牆，封鎖了希臘北方與南方之間的交通，這樣一來，他就可以在往來的遊客身上敲詐一筆過路費。據說，他還說服死神塔納托斯來試試自己的發明——手銬，利用這機會把死神關了起來，讓他做了很久的囚徒，因此在許多年間，薛西弗斯成功阻止神祇對人類的獵殺。

不給錢就送命

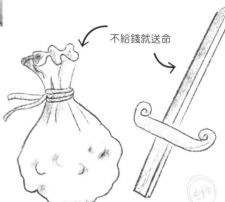

羅馬名：薛西弗斯 Sisyphus
父親：埃俄羅斯
母親：厄娜瑞忒
妻子：梅若碧，阿特拉斯
　　　七個女兒之一

尤利西斯的生父？

薛西弗斯的聰明很容易讓人聯想到尤利西斯，或許並非偶然……事實上，有一天薛西弗斯看見鄰居奧托里庫斯正在偷自己家的牛（和他父親荷米斯一個樣），這位鄰居真不愧是荷米斯兒子，他那位神祇父親把兒子偷來的牛變形，使牠們難以被辨認。不過薛西弗斯早有妙計，他在牛蹄下做了標記，這讓小偷啞口無言。薛西弗斯高明的手段讓奧托里庫斯折服，於是他提議將女兒嫁給薛西弗斯，讓兩人生一個孩子，可他的女兒不是別人，正是尤利西斯未來的母親……巧合嗎？

欺騙死神（Part 2）

薛西弗斯臨終前，狡詐的他又心生一計，他讓妻子在他死後不要將其埋葬……對希臘人來說這是重罪，因為這意味著亡魂在地獄中永不得安息。他的妻子答應他的請求。薛西弗斯很高興，等他一到冥府，就去找黑帝斯抱怨，並以懲罰妻子的罪行為名，求他把自己送回人間。黑帝斯同意了，薛西弗斯可不傻，此後多年間，他一直拒絕重回冥府……最後諸神不得不派出荷米斯，強行將他押回。如此膽大包天的矇騙，公然藐視諸神，他最後被打入塔爾塔羅斯，接受那項可怕懲罰。

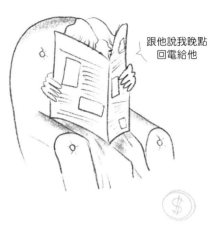

親愛的，黑帝斯打來問你什麼時候回去？

跟他說我晚點回電給他

遇見薛西弗斯

幸福的薛西弗斯

薛西弗斯必須為犯下的「罪行」付出代價，在我們看來是難以理解的（誰不渴望在死神面前矇混過關呢），而他承受的可怕刑罰在卡繆的著作《薛西弗斯的神話》（*The Myth of Sisyphus*）中，被賦予了積極的意義。薛西弗斯的故事就好像是生活的隱喻，提醒我們，真正的價值不在於最後的結果，而在於為實現目標所付出的巨大努力：「應該覺得薛西弗斯是幸福的。」真正重要的是過程。

卡繆

提香《薛西弗斯》*Sisyphus*｜1549｜普拉多美術館｜義大利馬德里

巴黎的公園

人們被薛西弗斯永無休止推巨石上山的寓意所吸引，從而催生出大量相關的藝術創作，這些創作涵蓋雕塑（例如巴黎的盧森堡公園和訥伊公園）、繪畫（比如收藏在普拉多美術館提香的恐怖之作《薛西弗斯》）等諸多領域。人一生中需要完成的任務龐大艱鉅，而我們的努力終將無可挽回地走向失敗，卻也無須抱怨。人類似乎永遠都在思考這樣的命題。

糞金龜

聽過糞金龜嗎？這種小甲蟲常用自己的後爪推著糞球爬行，並以此為食。博物學家們想都沒想就把這種長爪家族命名為「Sisyphus longipes」（拉丁文，意為「長腳薛西弗斯」），就因為牠們做著一份讓人覺得疲乏不堪的工作，永無休止地推著它們的「巨石」往前走，如同薛西弗斯一樣！

糞金龜

達那伊得斯姐妹
Danaïdes

冥府中最為人熟知的受罰者中，達那伊得斯五十姐妹絕對榜上有名，
她們被罰要在一口漏底之甕中不停灌水，永無終結。尤為重要的是，她們是蒙受不當裁決的典型代表！

沃特豪斯《達那伊得斯姐妹》 *Danaïdes*｜1904｜個人收藏

達那俄斯的五十個女兒

這五十個達那伊得斯姐妹都是利比亞國王達那俄斯的女兒，她們各有各的母親……你懂的，達那俄斯是個精力豐沛的國王。巧的是，他的兄弟阿拉伯國王埃吉塔斯也有五十個兒子，他們也各有各的母親（＃好色兄弟）。某天，埃吉塔斯決定征服一個王國，就位於自己的王國和兄弟的王國之間，勝利後，他和他兄弟成了鄰居。可達那俄斯對埃吉塔斯擴張領土的野心始終保持警惕。

說好了，在你家辦婚禮！

不行，去你家！我家沒地方

不行，說好了你家

當初就說是在你家辦，我很確定

結婚提案

埃吉塔斯後來提議讓自己的五十個兒子與達那俄斯的五十個女兒結婚，照理說這應算是釋出善意，但多疑的達那俄斯猶豫不決，只能向一位先知徵求意見，先知向他揭示了真相，原來埃吉塔斯已打算在新婚之夜第二天將他的五十個女兒全部殺掉！驚慌失措的達那俄斯請求雅典娜幫助，於是富有同情心的女神為他打造出歷史上的第一艘船，好讓他帶自己的女兒們穿越地中海，逃到希臘的阿果斯。

羅馬名：達那伊得斯姐妹 Danaïdes
詞源：達那俄斯的女兒們
父親：達那俄斯，利比亞國王，後來成了阿果斯國王
母親：她們各有各的母親

五十場婚禮和四十九場葬禮

當然，埃吉塔斯很快派出兒子們去阿果斯圍攻（糾纏）達那俄斯，迫使他交出女兒們與其成親。堅持幾週後，由於彈盡糧絕，達那俄斯不得不讓步。但為拯救女兒，他送給她們每人一支髮簪，讓她們在新婚之夜用髮簪將她們的丈夫殺死，以免隔天反被殺害。午夜時分，她們都舉起髮簪刺向自己熟睡中的丈夫。所有人都動手了……除了一位，因為她丈夫尊重她的貞潔。

羅丹《達那伊得斯》 *Danaïd*｜1889｜羅丹美術館｜法國巴黎

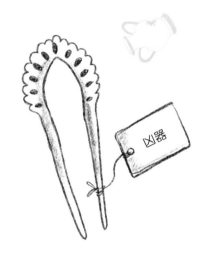

神話中的司法醜聞

達那俄斯和他的女兒非常不幸，因為埃吉塔斯那個唯一逃脫暗殺的兒子回來復仇了……他殺死了達那俄斯和他所有女兒（除了曾對他手下留情的那一位，他「重新」娶她為妻）。荷米斯和雅典娜要求這些可憐的達那伊得斯姐妹們彌補自己犯下的「罪惡」（正當防衛啊！），於是她們被關進冥府，判罰永久勞作，舀水去灌滿一個已被鑿穿的木桶（事實上應該是一口漏底的「甕」，因為當時的希臘人應還不知道高盧人所發明的木桶）。可怕的地獄！

荷內·萊儷《達那伊得斯花瓶》 *Danaïdes Vase*｜1926
乳白色玻璃製。作品這樣命名，讓人感覺好像有破洞，感覺賣不太出去。

遇見達那伊得斯姐妹

埃及國名

達那伊得斯姐妹們令人生畏的叔叔埃吉塔斯征服了他（阿拉伯）和兄弟（利比亞）之間的王國。聰明如你可能已經知道，正是因為這個名叫「埃吉塔斯／Aegyptus」的傢伙，我們才把今日的那片土地稱作「埃及／Egypt」！

海報｜1950 年代

日常短語：達那伊得斯姐妹之桶

即便「tonneau des Danaïdes／達那伊得斯之桶」這樣的用法並不夠精確（因為實際上是「甕」），這一表達方式還是進入了日常用語，現在一般用以指稱那些永遠無法填滿之物。例如，阿波利奈爾在他首首絕妙詩作〈失戀者之歌〉（La Chanson du mal-aimé）中這樣寫道：「我心與腦皆空，整個蒼穹都從這裡流過，我這達那伊得斯的水桶，如何才能幸福？」寫得如此之妙，我們輕易就能感受到他心中苦惱，不是嗎？

柏拉圖《高爾吉亞篇》

柏拉圖在《高爾吉亞篇》（Gorgias）中曾以達那伊得斯姐妹之桶的隱喻，來比較「幸福」的兩種觀點：蘇格拉底對此的解釋是，當人努力填滿自己的欲望時，也就是把自己封在永恆的挫敗感中；而卡利克勒斯，這個在柏拉圖對話錄中永遠像白癡一樣的修辭學家，卻認為當桶子裝滿水時，人是會感到幸福的（可是卡利克勒斯，不是跟你說那桶子有洞嗎！）……

邁達斯
Midas

弗里吉亞國王

邁達斯是希臘神話最有名的國王之一：
一方面他擁有獨一無二的點石成金天賦（這是把雙刃劍），另一方面他在一場音樂比賽中做了糟糕的裁判……

華特・克藍《邁達斯國王在河中舀水》（*King Midas with the pitcher in the river*，霍桑《奇妙故事》〔*A Wonder-Book for Girls and Boys*〕中的插圖）｜1852

含金湯匙出生

邁達斯是國王戈耳狄俄斯的兒子，所以他生而富有。當他還是孩子時，幾隻小螞蟻曾在他嘴裡放進麥粒，這意味他將成為人類世界中最富有的人……還有個小故事，其父戈耳狄俄斯曾因製造出一個錯綜複雜、無論如何也解不開的「戈耳狄俄斯之結」聞名於世，他宣稱誰能成功解開它，就將成為世界主宰。直到有一天，亞歷山大帝來了，他一劍斬斷這個繩結。嗯！簡單有效。從此以後，「cut the Gordian knot」（斬斷戈耳狄俄斯之結）就成了一句習語，意指當人們遇到難以解決的困難時，就用「快刀斬亂麻」的決絕手段來應對。

黃金之夢

有一天，酒神戴奧尼索斯的朋友、大腹便便的森林之神賽倫諾斯，因為喝得酩酊大醉，在邁達斯王國中迷路了。衛兵們將他拿下，帶到國王面前。邁達斯覺得賽倫諾斯講的那些神奇故事很好笑，就將他放了。作為感謝，戴奧尼索斯答應幫邁達斯實現一個願望！邁達斯貪戀黃金，他想……擁有一種能把所有觸碰到的東西都變成黃金的能力。致命的錯誤！他很快發現自己從此再也不能吃吃喝喝了，因為無論什麼東西，只要碰到他的嘴唇就會立刻凝固成黃金……

羅馬名：邁達斯 Midas
父親：戈耳狄俄斯
母親：西布莉

汽車保養

在汽車快速保養領域，美國公司 Muffler Installation Dealers' Associated Service 是世界領導品牌，它的公司縮寫「Midas」（邁達斯）更有知名度。看到了吧，品牌 logo 的字母「i」，上頭的小圓點是顆小皇冠！現在你懂了，它的靈感來自弗里吉亞國王邁達斯！

黃金青蛙

自古希臘時代起，「觸碰帕克托羅斯河」這一短語即有「中頭彩」之意。為什麼？因為當邁達斯為獲得淨化，而踏進帕克托羅斯河時，河水馬上就溢出金子。當然會這樣囉。愛開玩笑且學識淵博的科學家們後來在亞馬遜河中發現一種綠色小青蛙，他們身上帶有金色的片狀斑點，看上去就像布滿一粒粒金子，於是他們引用「邁達斯 / Midas」的典故，將這種小青蛙的學名定為「Teratohyla midas」！

波提切利的畫

佛羅倫斯的烏菲茲美術館收藏著波提切利的名作《對阿貝拉的誹謗》。從這幅寓意畫，我們可以看到邁達斯和他的一對驢耳朵。這並不奇怪，因為在一次音樂比賽中，作為裁判的邁達斯不識趣，沒有聽出阿波羅的音樂才華勝過馬西亞斯，於是被阿波羅變出驢耳朵。後來邁達斯便成了「爛裁判」、「收黑錢裁判」的象徵。運氣真差。

波提切利《對阿貝拉的誹謗》 *Calumny of Apelles* ｜ 1495 ｜ 烏菲茲美術館 ｜ 義大利佛羅倫斯

觸碰帕克托羅斯河

當然，邁達斯後來哭著找到戴奧尼索斯，想從自己許下的願望中解脫。酒神建議他去一條名叫帕克托羅斯的河裡洗澡，以獲得淨化。邁達斯順利洗去「詛咒」，從此以後，那條河就一直水波瀲灩，閃耀著金光……然而，興奮不已的邁達斯，馬上又犯下第二個錯誤。有一天，他竟敢接受邀請去為阿波羅（擅長演奏里拉琴）與馬西亞斯（森林之神，擅長演奏長笛）之間的一場音樂比賽做裁判。可怕的是，他膽大包天判馬西亞斯獲勝！又一個致命錯誤啊！

裁判你不懂音樂！

憤怒的阿波羅宣稱邁達斯的聽力和一頭驢不相上下，並馬上在邁達斯的腦袋上變出一副驢耳朵。從此以後，受到侮辱的邁達斯只能靠一頂弗里吉亞軟帽遮住他的驢耳朵。只有邁達斯的理髮師知曉這個祕密，但他不能把祕密洩露出去，否則就會被處死。但要守護這個祕密壓力太大了，理髮師在地上挖了洞，對洞口喊道：「邁達斯國王有一對驢耳朵！」不幸的是，有幾棵蘆葦跟著他重複了這句話，祕密隨風飄散，很快，整個王國都知道了！太蠢啦！

\#告密者

伊底帕斯
Oedipus

最具悲劇性的人物

伊底帕斯情結盡人皆知，伊底帕斯亦是一個名副其實的悲劇人物。
命運的詛咒要他弒父娶母，他力圖反抗恐怖的命運，卻在反抗過程中實現了它……

查爾斯・雅拉貝爾《伊底帕斯與安緹岡妮》 *Oedipus and Antigone* | 1842 | 馬賽美術館 | 法國馬賽
黑死病襲擊底比斯，人們紛紛詛咒伊底帕斯和他女兒。

#蒙特梭利
不會准的！

羅馬名：伊底帕斯 Oedipus
詞源：腫脹的腳
父親：萊歐斯
母親：柔卡絲塔
妻子：柔卡絲塔

腫脹的腳

伊底帕斯是底比斯國王萊歐斯之子。王后柔卡絲塔懷孕後，萊歐斯與她去求神降示後得知：他們兒子未來會弒父娶母。國王和王后嚇壞了，決定將小寶寶「置於險境」，將他雙腳綁起倒掛在樹上，遺棄在深山中。然而，路過的牧羊人救了他。由於他雙腳已腫，牧羊人就將他取名為「伊底帕斯／Oedipus」（odein〔腫脹的〕＋pous〔腳〕）。後來，他把伊底帕斯送到沒有子嗣的科林斯統治者波呂玻斯和梅若碧那裡。

無情的女祭司

伊底帕斯剛長大成人，某個夜晚就被一個醉鬼告知他就是那個「被找到的嬰兒」。他的養父母拒絕告訴他事情真相，於是他找到德爾斐的皮媞亞，想要弄清楚自己身世。然而，皮媞亞沒有回答他的問題，卻把他的可怕命運告訴他（這樣一點也不酷）……驚恐萬分的伊底帕斯決定此生不再返回科林斯，因為他不想殺害波呂玻斯，也不想娶梅若碧為妻，他愛他們，並一直認為他們就是自己親生父母……致命的錯誤。

遇見伊底帕斯

斯芬克斯之謎

斯芬克斯留給伊底帕斯的謎語至今仍是全世界最著名的謎語:「什麼動物早上有四條腿,中午有兩條腿,晚上有三條腿?」伊底帕斯説出了謎底:人。因為小孩子(人生的早上)用四肢爬行,成年時日正當中,便用兩條腿走路,年老時,到了人生的夜晚,就需要再加一根拐杖了(可對我來説,真正的謎卻是:法國人該叫那怪物「Sphinx / 斯芬克斯」還是「Sphinge / 斯芬吉」(一種雕像,可説是女版斯芬克斯)呢?因為説到底這怪物是個女人啊!)。

莫羅《伊底帕斯和斯芬克斯》*Oedipus and the Sphinx* | 1864 | 大都會博物館 | 美國紐約

爭先恐後説空話

法語「laïus」一詞是指那種無關痛癢、無休無止的空話,這一詞彙便是從「Laios / 萊歐斯」演變而來的(羅馬名為「Laius / 萊瑤斯」)。一切源於 1804 年巴黎綜合理工學院入學考試的一道作文題:「請想像一下萊瑤斯會怎麼回應伊底帕斯。」結果充滿熱情的考生每個都寫出數頁答案,冗長又無聊。該詞彙於焉而生!

亂倫

毫無疑問,伊底帕斯與母親的亂倫之愛世人皆知,於是佛洛伊德這個機靈鬼便從希臘神話將這個故事單獨拎出,為自己的理論增添光彩,這就是鼎鼎大名的「伊底帕斯情結」(概括來説,它意味著所有兒子都在無意識中迷戀母親,並對父親心懷殺機)。佛洛伊德這種引用希臘神話的高格調作法確實有用,因為「伊底帕斯情結」現今已成了無人不曉的理論了。

佛洛伊德創作的描繪伊底帕斯與斯芬克斯的藏書票

弒父與亂倫都是意外!

流浪途中,伊底帕斯遇到一位長者及一眾隨從。由於伊底帕斯沒有讓路,竟引來一頓鞭打!他因憤怒失去理智,將所有人殺死,才繼續趕路(#古代交通事故)。到了底比斯城,那裡有個可怕的怪物斯芬克斯,凡是沒能猜出他謎語的人都會被吃掉,整座城市陷入水深火熱,得知此事的伊底帕斯決定前去和斯芬克斯較量。他後來猜出謎底,城中居民為之歡呼,擁戴他當國王,不僅如此,他還娶了守寡的王后柔卡絲塔為妻。

真正的母親

多年過去,伊底帕斯和王后生下四個孩子,但他也目睹了鼠疫在底比斯城的蔓延。他驚恐不安,派出一位信使去找皮媞亞,並下令要把殺死老國王萊歐斯的兇手找出來,誓要將他驅逐出城。伊底帕斯派人四方找尋探聽,後來才得知⋯⋯自己就是真兇!他徹底崩潰,這才明白他不僅殺死自己父親,更娶了自己的母親。柔卡絲塔意識到這齣悲劇的真相後,自殺身亡。伊底帕斯與母親一樣絕望,他戳瞎自己雙眼,由他女兒安緹岡妮引領著,重新走上流浪之路⋯⋯

這是我的戶口名簿,內容有點複雜

戶口名簿

費伊登
Phaethon

太陽神之子，古希臘時代的敗家子

費伊登是希臘神話中的敗家子，他愛慕虛榮、恃寵而驕、逃避責任……
為了炫耀，他請求太陽神父親讓他駕駛戰車，結果卻使半數人類陷於烈火之中！

遇見費伊登

福斯 Phaeton 轎車

福斯汽車 Phaeton 系列

我們很好奇，福斯汽車行銷團隊當初將這個車系命名為「Phaeton」時，是否讀過費伊登 / Phaethon 的故事。說真的，你們覺得誰會願意駕駛一輛失控汽車摧毀一切，然後慘遭雷劈呢？事實上，他們很可能是想到了馬車史上最不過時的車款「Phaeton」（四輪敞篷馬車），於是便借此一用！

巴特沃斯《四輪敞篷馬車》*Park Phaeton* |
1972 | 私人收藏

綽號：費伊登，象徵「明亮耀眼之人」
父親：赫利歐斯，太陽神
母親：克里夢妮，海洋仙女

英國畫派《費伊登》*Phaethon* | 20 世紀

我是太陽神之子

費伊登是海洋仙女和太陽神赫利歐斯（拉丁名「弗依布斯」）的兒子，沒什麼人生成就，但就像所有爸爸眼中的好兒子一樣，他憑藉自己的身分恃寵而驕。費伊登在朋友面前吹牛，結果受到嘲諷：「你真的是太陽神的兒子嗎？」憤怒的費伊登去東方的黃金神殿找爸爸，想讓他證明這份親子關係。赫利歐斯叫他不必擔心，不僅如此，還輕率地答應他的心願……

快停下（你爸爸的）戰車啊！

希臘人眼中的費伊登有著嚴重的性格缺陷，他過於狂妄自大，甚至請求父親允許他駕駛那輛拉動太陽的戰車。冒失鬼！駕馭這輛四馬戰車需要無限的力量。赫利歐斯很快就後悔做出這個許諾，但為時已晚……自負的費伊登抓起韁繩出發，顯然，那些馬匹很快就感受到主人腕力薄弱，於是開始脫韁狂奔……

燃燒的非洲

費伊登的形象似乎成了一種希臘式隱喻，指稱那些缺乏責任感的人。人們曾用他暗諷千禧世代什麼都想得到，且馬上就要，卻不想歷經任何努力。可誰來為此承擔後果？整個地球！費伊登駕著熾熱的戰車行進時，因為距離地球表面太近，燒灼了地球大片土地，許多河流也因此乾涸，非洲因此成了沙漠，居民肌膚焦透……宙斯最後不得不以殺戮了結此事：他向費伊登擲出一道閃電，費伊登落進埃利達努斯河，慘死河底。

喂宙斯，這件事你要怎麼負責？

我要跟我爸說

納西瑟斯
Narcissus
自戀之人

納西瑟斯是個絕情美男子，但後來陷入了瘋狂的自我愛戀，成了「自戀狂」。

忒瑞西阿斯的預言

納西瑟斯是仙女里利歐琶的兒子，打從出生起，他就是個異常俊美的孩子，仙女們都很喜愛他。當他母親詢問忒瑞西阿斯（古希臘時代最有威望的神祇，尤利西斯在招魂術事件中就曾向他求教，詳見 p108）關於兒子未來的命運時，他回答說：「納西瑟斯會活得很久，只要他永遠不曾認識自己」……這個預言語意模糊，晦澀難懂！然而這位少年每過一年就多一分俊美，納西瑟斯終於成了眾人為之迷戀、為之椎心的對象，可他卻始終對此無動於衷。

沃特豪斯《愛可與納西瑟斯》 *Echo and Narcissus* | 1903 | 沃克美術館 | 英國利物浦

只對自己動心

納西瑟斯長成了絕色美男，可他對誰都十分無情。有個叫阿彌尼俄斯的青年瘋狂愛上他，納西瑟斯卻只扔了把劍給他，讓阿彌尼俄斯舉劍自盡。臨死前，他喊出了復仇女神涅墨西斯的名字，負責對凡人的過火行為施行正義制裁的涅墨西斯十分憤怒，便把納西瑟斯帶到一處波光粼粼的水邊，在那裡，他看到自己的倒影。從未愛過任何人的納西瑟斯頓時神魂顛倒，狂熱地愛上水中的自己。喔，命運的嘲弄！他被迫面對一份永遠不會有結果的愛情，因為他的倒影無法回應他……

自戀水仙

對自己倒影的愛戀，使納西瑟斯僵在原地，日漸消瘦。水中仙女愛可雖然深愛著他，卻因為受到赫拉懲罰，口不能言，只能重複別人話語中最末幾字。她無法安慰納西瑟斯，因為她的話對他來說不過是回聲，如同看到自己的鏡像一樣。這份瘋狂之愛最終以它應有的方式走向終結，納西瑟斯如此自戀，甚至都沒有意識到自己的身體已經完全扎進波光粼粼的水中。最後，他變成了一枝美麗卻有毒的水仙（Narcissus，即取自納西瑟斯原文名），花朵向水面低垂，彷彿在看著自己的水中倒影。

羅馬名：納西瑟斯 Narcissus
詞源：睡眠、睏倦
父親：瑟菲色斯，河神
母親：里利歐琶，水澤仙女
職業：獵人

太好了
24 小時全天自拍

潘朵拉
Pandora
第一位女性
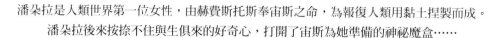

潘朵拉是人類世界第一位女性，由赫費斯托斯奉宙斯之命，為報復人類用黏土捏製而成。
潘朵拉後來按捺不住與生俱來的好奇心，打開了宙斯為她準備的神祕魔盒……

受諸神賜予各種天賦
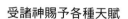

潘朵拉是由宙斯創造，就像《藍色小精靈》（*The Smurfs*）賈不妙創造小美人那樣，動機不純。自從普羅米修斯盜取聖火後，宙斯為報復人類，就想造出一樣東西，好在人類之間製造矛盾，於是他想到了……女人（＃仇女）。宙斯於是傳令給赫費斯托斯，讓他用黏土造出一個女人，然後又命所有神祇輪流把他們最擅長的天賦賜予她。阿特蜜斯賜予她美貌，雅典娜賜予她編織技巧，阿波羅賜予她動人歌喉，赫拉賜予她善妒，而荷米斯則賜予她……謊言、說服力和好奇心（＃準備就緒）！

諸神的娃娃

尼古拉斯・雷尼爾《潘朵拉》*Pandora*｜16 世紀｜雷佐尼科宮博物館｜義大利威尼斯
「我有不好的預感。」

美之惡「卡隆卡孔」

在潘朵拉出現前，人類生活在類似亞當夏娃犯下原罪前的伊甸園。人類像作物般自我繁殖，不知疲倦，不會衰老，也沒有痛苦可言。如此的美麗人生即將結束。潘朵拉是宙斯送給人類的有毒禮物。希臘人又叫她卡隆卡孔（kalon kakon，美之惡）。她漂亮的外表下潛藏著十足罪惡。不僅如此，為確保她的破壞力獲得最大釋放，宙斯還送她一份非常非常惡毒的禮物作為嫁妝。

綽號：卡隆卡孔（kalon kakon，美之惡）
詞源：潘朵拉（受一切天賦加持）
父親：赫費斯托斯（由黏土製成）
母親：所有神祇都賜予她一項天賦，
　　　其名亦由此而來

惡意滿滿的禮物

宙斯送潘朵拉一個神祕魔盒作為嫁妝，並禁止她開啟（故意勾起她的好奇心），裡面其實塞滿了所有人間苦難。裝配齊整的潘朵拉被宙斯派去勾引伊比米修斯，也就是普羅米修斯的弟弟，他有點愚蠢，做事不動腦，就像他名字所暗示的那樣。普羅米修斯勸弟弟警惕潘朵拉和她的盒子，但伊比米修斯不僅不聽，還娶潘朵拉為妻，潘朵拉很快就屈服於自己與生俱來的好奇心，打開了盒子……

華特・克藍《潘朵拉打開魔盒》（插畫）
Pandora Opens the Box｜1910｜裝飾藝術美術館圖書館｜法國巴黎

盒子底部有希望

一想便知，就在潘朵拉打開魔盒，看到所有人間苦難湧出的一刻，她就意識到自己犯下了致命錯誤。她立即將蓋子蓋上，但為時已晚，疾病、衰老、戰爭、飢荒、貧苦、欺騙、傲慢等，都從盒子裡逃出來……潘朵拉只來得及封住盒子裡的最後一樣，因為它通常比其他幾樣來得慢，那就是「對災厄的預言」，而這也讓人類得以存活：因為世事無常，而這災厄預言被永存壺中，讓人類忘卻絕望，帶著希望生活！

沒事沒事
我讓大家還保有希望！

潘朵拉與夏娃

《聖經》（*Bible*）中的夏娃和潘朵拉有明顯相似之處，她們有著同樣有害的好奇心，以及同樣悲慘的天堂結局……可惜，我們無法明確知道這兩種信仰究竟是誰影響誰，因為有關《創世記》（*The Book of Genesis*）的成書年代有太多不同說法。但無論怎樣，這二個人物有著關鍵不同：《聖經》中，夏娃並不是為傷害男人而創造出來的，她的存在本身並不邪惡；也因此，女人在基督教社會中一直保有體面地位。

珠寶商

創立於 1982 年的丹麥知名珠寶品牌 PANDORA（潘朵拉），創造出一種高利潤商業模式：從泰國低價進口一些奇奇怪怪的小飾物，然後再以丹麥式價格賣到全世界。結果在成立後的三十年間，潘朵拉已經發展成繼 Tiffany 和 Cartier 之後，世界上第三大珠寶公司！對於這樣一家有點「奸詐」（品牌名就說明一切）的品牌來說，業績很漂亮啦。

多梅尼基諾《上帝前來告誡亞當和夏娃》 *God admonishing Adam and Eve*｜1623｜德文郡公爵收藏｜查茨沃斯莊園｜英國德比郡

奧瑞斯特斯
Orestes
阿格門儂之子，弒母者

因殺掉母親和她的情人而聞名。不論他的罪行有正當理由也好，駭人聽聞也罷，
他都要為自己的雙重罪孽，經歷漫長的淨化過程：被復仇女神們死死糾纏……

莫羅《奧瑞斯特斯與復仇三女神》*Orestes and the Erinyes*｜1891｜個人收藏
復仇女神厄里倪厄斯有點被畫得太優美了！

羅馬名：奧瑞斯特斯
　　　　Orestes
父親：阿格門儂
母親：克萊婷

叫我善心女神，
懂嗎？

是，是的

弒母者

當邁錫尼國王阿格門儂經歷十年特洛伊戰爭終返家鄉時，奧瑞斯特斯已經是名少年了。只是父親和兒子還沒來得及擁抱一下，阿格門儂就被妻子的情人埃吉斯圖斯殺死（戴綠帽＋被殺＝雙重不幸）。奧瑞斯特斯的姐姐伊蕾特拉為保護弟弟，把他託付給他們的叔叔撫養。奧瑞斯特斯成人後回到邁錫尼，殺了自己的母親和她的情人，為父親報仇。這合乎情理嗎？當然。但弒母對於一個希臘人來説可謂罪中之罪……

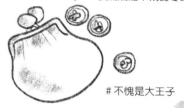

奧瑞斯特斯的零錢包
裝滿賄賂卡戎的零錢

不愧是大王子

復仇女神的狂獵

奧瑞斯特斯殺掉母親克萊婷的罪行令諸神震怒，於是他們派出專門迫害罪犯、手段凶殘的復仇三女神厄里倪厄斯前去追殺他。她們實在是敬業，簡直要把奧瑞斯特斯逼瘋，最後他不得不離開邁錫尼，以避免她們禍及自己家園。在奧林帕斯山上，曾建議他除掉埃吉斯圖斯和克萊婷的阿波羅對他心生憐憫，於是提議讓他奔赴雅典，在那裡接受審判。

被迫害到被獻祭

在雅典法庭之上，多虧雅典娜幫助，奧瑞斯特斯最終宣告無罪。復仇三女神的怒火也隨之平息，因為雅典人承諾從此稱呼她們為「善心女神」（多麼微妙的漂亮措辭！）。後來，奧瑞斯特斯跟他的表親暨摯友皮拉德斯，被派去陶里德取回阿特蜜斯雕像。此事讓他陷入困境，因為那裡的人有將外國人獻祭給諸神的風俗。就在獻祭的緊要關頭，掌管獻祭的女祭司來了……

頭韻法

在拉辛的悲劇作品《安德柔瑪姬》中有個關於頭韻法的著名範例：奧瑞斯特斯深陷幻覺的折磨，覺得自己被群蛇包圍，便大喊：「Pour qui sont ces serpents qui sifflent sur vos têtes？／這些在你頭頂上嘶嘶作響的蛇為誰而來？」（該句法文不斷重複著輔音「s」）。作家在此不僅模仿群蛇嘶叫，並側寫出奧瑞斯特斯的譫妄狀態。拉辛這名字不是叫假的。

咬到舌頭了

可愛的妙麗？

妙麗（Hermione，原文名字即取自荷麥歐妮）對《哈利波特》書迷來說，就是艾瑪‧華森所詮釋的那種可愛模樣。事實上，希臘神話裡的荷麥歐妮可絕不友善。她在孩童時代就許配給奧瑞斯特斯，後來嫁給阿基里斯的兒子皮胡斯，婚後她對皮胡斯的奴隸兼情婦安德柔瑪姬充滿病態般的嫉妒，並指控她用妖術惑亂，以此為由迫害她。最後，荷麥歐妮將怒火轉移到皮胡斯身上，並強迫奧瑞斯特斯將其殺害。在某些版本中，她為了這場由她籌劃的可怕謀殺，責備了奧瑞斯特斯，並陷入絕望而自殺（不知自己到底要什麼的女人）！

沙特的劇作《蒼蠅》

沙特曾在劇作《蒼蠅》（The Flys）中，借用奧瑞斯特斯的故事探討他熱衷的哲學命題：奧瑞斯特斯認為，對一椿罪行感到懊悔只是一種讓自我解脫的懦弱手段，他選擇全面接受自己犯下的雙重罪行，並認為這是一種正義之舉。他這麼做引來滿城蒼蠅，這些蒼蠅是宙斯派來的，為讓百姓不再為此懊喪，免遭蒼蠅侵擾，奧瑞斯特斯決定犧牲自己。宙斯心懷矛盾地向埃吉斯圖斯承認：「諸神與國王們都有一個痛苦的祕密，那就是人是自由的。」人類幻想出的用以自我審查的倫理道德，在這部作品中成了從天而降的有形蠅群。

Happy Ending

關鍵時刻到了！沒想到負責將他們獻祭給諸神的女祭司，正是奧瑞斯特斯失散多年的姐姐伊菲吉妮亞，她從特洛伊死裡逃生，因為阿特蜜斯用一頭母鹿代替她成為祭品。伊菲吉妮亞為奧瑞斯特斯和皮拉德斯偷取雕像，隨他們一起逃走了。得救！在路上，奧瑞斯特斯還殺死阿基里斯的兒子，因為他曾搶走自己的表姐兼未婚妻荷麥歐妮，而荷麥歐妮正是斯巴達統治者海倫與梅奈勞斯的女兒。奧瑞斯特斯隨後讓姐姐伊蕾特拉嫁給他的表親皮拉德斯。之後，奧瑞斯特斯與荷麥歐妮一起統治著邁錫尼和斯巴達，直至九十歲那年，被一條毒蛇咬傷而死。

重逢

啊，好開心你都在做什麼？

我把母親殺了

弗朗索瓦‧杜布瓦《熟睡中的奧瑞斯特斯》（局部）*The Sleep of Orestes*｜約 1820｜坎佩爾美術館｜法國坎佩爾

殺死母親與愛人的奧瑞斯特斯，感到非常後悔，一股深深的睡意向他襲來。姊姊伊蕾特拉吩咐侍女們不要叫醒他，在一旁守護著弟弟。

戴達洛斯和伊卡洛斯
Daedalus & Icarus

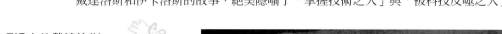
才華橫溢的工程師父親 × 被科技反噬的兒子

戴達洛斯和伊卡洛斯的故事,絕美隱喻了「掌握技術之人」與「被科技反噬之人」。

靈巧過人的戴達洛斯

戴達洛斯是雅典王室後裔,其才智可說是古希臘版的達文西。雖然才華橫溢,但他的嫉妒心也很強。他的一名學生因為發明了鋸子和圓規,名聲超越他,他竟把這個學生從高塔上推下去(諷刺的是,他兒子的死法跟這名學生有點像……#來自復仇女神涅墨西斯的果報?)!因為這樁謀殺,戴達洛斯被雅典驅逐出境,後來逃到克里特島,國王米諾斯正好有個麻煩需要他幫忙……

戴達洛斯的迷宮

國王米諾斯的妻子帕希法娥因為丈夫的罪過而受到牽連:她丈夫沒有履行承諾把一頭漂亮的白色公牛獻祭給波賽頓,那頭公牛是神祇當初從海中變出的;帕希法娥因此受到詛咒,愛上了這頭公牛。現在,戴達洛斯必須為她發明個東西,讓他們結合。於是便打造了一頭木製母牛,讓帕希法娥鑽到裡面好與公牛交配。我的天!之後帕希法娥生下了長著公牛腦袋的凶殘怪物米諾陶洛斯,為將牠藏起來不被世人看見,米諾陶洛斯被關進戴達洛斯設計的迷宮之中。

希臘的五十道陰影

手銬

鴨子

鞭子

蠟燭

木製母牛

約瑟夫-瑪麗・維恩《戴達洛斯為伊卡洛斯綁上翅膀》 *Daedalus Attaching Icarus' Wings* | 1754 | 國家高等美術學校 | 法國巴黎

破解迷宮的線團

只有戴達洛斯知道如何活著走出迷宮：利用線團，一端繫在入口，放線進入迷宮，返回時跟著線走。米諾斯的女兒雅瑞安妮愛上了前來迎戰米諾陶洛斯的翟修斯，戴達洛斯被這段愛情打動，就把走出迷宮的方法告訴她。不過等米諾陶洛斯被殺死後，戴達洛斯卻因這次背叛而遭到米諾斯狠狠懲罰，米諾斯把戴達洛斯和他兒子（可沒帶線團哦）一起關進迷宮深處。而才華永不枯竭的戴達洛斯，這次竟製造出可以飛的翅膀！不過翅膀是用蠟做的……

伊卡洛斯的殞落

戴達洛斯是技藝無與倫比的典型天才。某種程度來說，他靠自己的勞作與智慧，打造出飛機的雛形。不過他的兒子卻是一個反英雄式的希臘人物。伊卡洛斯傲慢自負，行事出格（對希臘人來說這可是巨大缺陷），不聽取父親意見。父親特別叮囑他飛行時千萬別離太陽太近，但很顯然，他太過陶醉，沒有控制好距離，結果翅膀引燃，他也從天空墜落。就像是一則對現代世界的隱喻。

詞源：達伊達洛斯
（Daidalos，有創造才能）
關係：父子

遇見戴達洛斯和伊卡洛斯

戴達洛斯的線團

今日法國人利用修辭學中的「換稱法」（將專有名詞變成普通名詞），將專有名詞「Dédale」（戴達洛斯）轉換成普通名詞「dédale」，用以指稱「迷宮」！而鮮為人知的是，戴達洛斯曾在螞蟻腳上拴上一根線，讓牠抵達蝸牛殼最深處，難怪他會想出利用一根線走出迷宮的主意！

伊卡洛斯的夢想
（＃我要飛上天）

希臘人不肯原諒伊卡洛斯因狂妄自大而犯下的罪過，但現代社會卻對其寬容有加。他被視為是夢想走出自己局限、試圖超越自然並抵達巔峰的典範人物……比如，瑞士日內瓦就將極限運動賽事命名為「Le rêve d'Icare」（伊卡洛斯的夢想），我們的文明對伊卡洛斯的觀點已徹底翻轉……

在電影中超越極限

伊卡洛斯對希臘人來說是一個反英雄式的人物，但他渴望接近太陽的行為卻頗受追捧。在亨利·維尼爾的電影《我如伊卡洛斯》（I... For Icarus）中，尤·蒙頓為追尋一個複雜事件的真相，慘遭殺害，電影明確傳達出這種價值觀：「努力探求真相的人自焚雙翼。」而 2017 年的紀錄片《伊卡洛斯》（Icarus）卻相反，它成功揭發了俄羅斯的興奮劑醜聞。伊卡洛斯確實具備這種雙面特質。

這幅馬賽克作品表現出翟修斯和米諾陶洛斯在迷宮中大戰的場景。

首先，我感謝我的父親
因為有他，我在電影界中
才有如此地位

十二星座與神的關係

十二星座眾所周知，但我們對它的起源卻知之甚少（#看看希臘神話怎麼說）。

雙魚座

Pisces

某天，惡魔提豐決定向宙斯發起進攻奪取權位，奧林帕斯山上的居民驚慌失措，為了逃命，紛紛幻化成某種動物，而阿芙羅黛蒂和她的兒子艾若斯化成兩條魚的模樣。為紀念這次危機，宙斯就把他們變成了雙魚座。

水瓶座

Aquarius

在《伊里亞德》中，特洛伊王子甘尼梅德被描述成全人類最英俊的男人。宙斯在幻化成一頭雄鷹時注意到他，宙斯看他長得帥，想讓他當自己的情人，便把他劫到奧林帕斯山，讓他擔任司酒官，在宴席上斟酒，水瓶座的名字即由此而來！

摩羯座

Capricon

這個標誌可能來自潘恩神，在泰坦之戰中，他為逃跑，把自己變成一隻上半身山羊、下半身魚的怪物，並在後來救下宙斯。

射手座

Sagittarius

這位人馬可能是古代最優秀的弓箭手紀戎，他把自己的知識毫無保留地傳授給眾多學生，最後卻因沾染九頭蛇海德拉之血，承受巨大傷痛，不得不放棄永生！將他變成射手座，算是一種補償吧。

天蠍座

Scorpio

阿波羅的姐姐阿特蜜斯愛上歐里昂，於是阿波羅便派出一隻巨大蠍子，想殺掉這位獵人。天蠍座與獵戶座（Orion，歐里昂的星座）遙遙相對，每當夏季獵戶座落下時，天蠍座就會升起，他們永遠在彼此追逐。

天秤座

Libra

這個標誌來自阿斯特萊亞的天秤，特洛伊戰爭期間，宙斯曾將希臘人和特洛伊人的命運放在此天秤上（天秤向希臘人傾斜）。

牡羊座

Aries

這隻會飛的山羊叫克律索馬羅斯，它的金羊毛引發了傑森的傳奇歷險。

金牛座

Taurus

這頭白色公牛是波賽頓送給克里特國王米諾斯的，後來米諾斯沒有遵守諾言，拒絕用牠獻祭——為了懲罰他，波賽頓讓他的妻子愛上這頭公牛，她還懷上了公牛的孩子米諾陶洛斯！

雙子座

Gemini

來自拉丁文「gémellus」，意為「孿生子」，指的便是卡斯托和波魯克斯，兩兄弟既是海倫的兄弟，也是麗妲的兒子。（但羅馬人認為，雙子座應是指羅馬城的締造者羅慕樂和雷慕斯才對！）

巨蟹座

Cancer

這隻小螃蟹是九頭蛇海德拉的朋友，赫拉派牠到戰場襲擊海克力斯，結果被他一腳踩死。赫拉覺得牠死得很慘，就將牠放到天穹，讓牠永恆閃耀。

獅子座

Leo

這是涅墨亞的獅子。海克力斯在執行十二項任務的第一項時就把牠殺死了。

處女座

Virgo

阿斯特萊亞是正義女神，也是宙斯的女兒。黃金時代（克羅納斯統治時期）即將結束時，她因厭惡人類的粗野卑劣而離開大地。人們在表現她時，常把她和她的天秤放在一起。

人名索引

本書登場人物的希臘名＆羅馬名，粗體表示專題人物及其專題故事頁碼。

Crédits photos :

L'éditeur, pour l'autorisation de publier leurs photographies, remercie :

第 42 杯咖啡

致謝

奧德・葛米娜 Aude Goeminne

我要衷心感謝荷馬（真的，他太重要了）和艾克賽・B（Axel B，他比赫克特、尤利西斯和阿伊尼斯三個加起來還厲害），當然，我還要向法國最棒的漫畫家安娜–勞爾表達深深愛意！

安娜 – 勞爾・瓦盧西克斯 Anne-Laure Varoutsikos

感謝奧德和阿加特（Agathe），謝謝你們的善意與熱情。參與這本書的創作真的非常開心，我都有點愛上你們了（＃心動）！
感謝艾曼紐（Emmanuel）在本書創作過程中給予的指導，以及你週末時在我 IG 上留下的評論。
感謝揚尼斯（Yannis）陪在我身邊，每天都告訴我你為此驕傲，我愛你。
最後，既然我已嫁進一個希臘家庭，那麼從此以後，我終於敢正視家中祖父的眼睛了，我會在我們的談話中更準確引用希臘神話，可能還會一邊聊天一邊做點眨眼和撞肘的小動作（＃感恩奧德讚嘆奧德）。

每天來點神知識——希臘神話人物雜學圖解百科

神知識又增加了！藝術、電影、廣告及電玩的靈感都來自祂們

LES HÉROS DE LA MYTHOLOGIE

作　　者　奧德・葛米娜（Aude Goeminne）
插　　畫　安娜－勞爾・瓦盧西克斯（Anne-Laure Varoutsikos）
譯　　者　都文
校　　對　吳小微
封面設計　白日設計
內頁構成　詹淑娟
執行編輯　劉鈞倫
責任編輯　詹雅蘭

行銷企劃　王綬晨、邱紹溢、蔡佳妘
總 編 輯　葛雅茜
發 行 人　蘇拾平

出　　版　原點出版 Uni-Books
　　　　　Facebook：Uni-Books 原點出版
　　　　　Email：uni-books@andbooks.com.tw
　　　　　105401台北市松山區復興北路333號11樓之4
　　　　　電話：（02）2718-2001　傳真：（02）2719-1308
發　　行　大雁文化事業股份有限公司
　　　　　台北市105401松山區復興北路333號11樓之4
　　　　　24小時傳真服務（02）2718-1258
　　　　　讀者服務信箱 Email: andbooks@andbooks.com.tw
　　　　　劃撥帳號：19983379
戶　　名　大雁文化事業股份有限公司

初版一刷　2022年4月

定　　價　599元
Ｉ Ｓ Ｂ Ｎ　978-626-7084-16-8（平裝）
Ｉ Ｓ Ｂ Ｎ　978-626-7084-17-5（EPUB）

國家圖書館出版品預行編目(CIP)資料

每天來點神知識——希臘神話人物雜學圖解百
科：神知識又增加了！藝術、電影、廣告及電
玩的靈感都來自祂們；奧德・葛米娜（Aude
Goeminne）/著. 安娜－勞爾・瓦盧西克斯
(Anne-Laure Varoutsikos)/插圖.都文 / 譯 -- 初
版. -- 臺北市：原點出版：大雁文化事業股份有
限公司發行, 2022.04；168面；19×26公分；
ISBN 978-626-7084-16-8(平裝)

1. CST：希臘神話

284.95　　　　　　　　　　　　　111005007